JOHANN WOLFGANG GOETHE

Faust

DER TRAGÖDIE ZWEITER TEIL

IN FÜNF AKTEN

PHILIPP RECLAM JUN. STUTTGART

Universal-Bibliothek Nr. 2[2]
Alle Rechte vorbehalten. © 1986 Philipp Reclam jun., Sttgart
Neu durchgesehene Ausgabe 1986
Gesamtherstellung: Reclam, Ditzingen. Printed in German1987
ISBN 3-15-000002-5

Erster Akt

Anmutige Gegend

FAUST, *auf blumigen Rasen gebettet, ermüdet, unruhig,*
schlafsuchend.

Dämmerung.

GEISTERKREIS, *schwebend bewegt, anmutige kleine Gestalten.*

ARIEL (*Gesang, von Äolsharfen begleitet*).
 Wenn der Blüten Frühlingsregen
 Über alle schwebend sinkt,
 Wenn der Felder grüner Segen   4615
 Allen Erdgebornen blinkt,
 Kleiner Elfen Geistergröße
 Eilet, wo sie helfen kann;
 Ob er heilig, ob er böse,
 Jammert sie der Unglücksmann.   4620

Die ihr dies Haupt umschwebt im luft'gen Kreise,
Erzeigt euch hier nach edler Elfen Weise,
Besänftiget des Herzens grimmen Strauß,
Entfernt des Vorwurfs glühend bittre Pfeile,
Sein Innres reinigt von erlebtem Graus.   4625
Vier sind die Pausen nächtiger Weile,
Nun ohne Säumen füllt sie freundlich aus.
Erst senkt sein Haupt aufs kühle Polster nieder,
Dann badet ihn im Tau aus Lethes Flut;
Gelenk sind bald die krampferstarrten Glieder,   4630
Wenn er gestärkt dem Tag entgegen ruht;
Vollbringt der Elfen schönste Pflicht,
Gebt ihn zurück dem heiligen Licht.

CHOR (*einzeln, zu zweien und vielen, abwechselnd und gesammelt*).
 Wenn sich lau die Lüfte füllen
 Um den grünumschränkten Plan,   4635
 Süße Düfte, Nebelhüllen
 Senkt die Dämmerung heran.
 Lispelt leise süßen Frieden,
 Wiegt das Herz in Kindesruh;
 Und den Augen dieses Müden   4640
 Schließt des Tages Pforte zu.

Nacht ist schon hereingesunken,
Schließt sich heilig Stern an Stern,
Große Lichter, kleine Funken
Glitzern nah und glänzen fern;   4645
Glitzern hier im See sich spiegelnd,
Glänzen droben klarer Nacht,
Tiefsten Ruhens Glück besiegelnd
Herrscht des Mondes volle Pracht.

Schon verloschen sind die Stunden,   4650
Hingeschwunden Schmerz und Glück;
Fühl es vor! Du wirst gesunden;
Traue neuem Tagesblick.
Täler grünen, Hügel schwellen,
Buschen sich zu Schattenruh;   4655
Und in schwanken Silberwellen
Wogt die Saat der Ernte zu.

Wunsch um Wünsche zu erlangen,
Schaue nach dem Glanze dort!
Leise bist du nur umfangen,   4660
Schlaf ist Schale, wirf sie fort!
Säume nicht, dich zu erdreisten,
Wenn die Menge zaudernd schweift;
Alles kann der Edle leisten,
Der versteht und rasch ergreift.   4665

(Ungeheures Getöse verkündet das Herannahen der Sonne.)

ARIEL.   Horchet! horcht dem Sturm der Horen!
                Tönend wird für Geistesohren
                Schon der neue Tag geboren.
                Felsentore knarren rasselnd,
                Phöbus' Räder rollen prasselnd,   4670
                Welch Getöse bringt das Licht!
                Es trommetet, es posaunet,
                Auge blinzt und Ohr erstaunet,
                Unerhörtes hört sich nicht.
                Schlüpfet zu den Blumenkronen,   4675
                Tiefer, tiefer, still zu wohnen,
                In die Felsen, unters Laub;
                Trifft es euch, so seid ihr taub.

FAUST. Des Lebens Pulse schlagen frisch lebendig,
Ätherische Dämmerung milde zu begrüßen;   4680
Du, Erde, warst auch diese Nacht beständig
Und atmest neu erquickt zu meinen Füßen,
Beginnest schon mit Lust mich zu umgeben,
Du regst und rührst ein kräftiges Beschließen,
Zum höchsten Dasein immerfort zu streben. –   4685
In Dämmerschein liegt schon die Welt erschlossen,
Der Wald ertönt von tausendstimmigem Leben,
Tal aus, Tal ein ist Nebelstreif ergossen,
Doch senkt sich Himmelsklarheit in die Tiefen,
Und Zweig' und Äste, frisch erquickt, entsprossen   4690
Dem duft'gen Abgrund, wo versenkt sie schliefen;
Auch Farb an Farbe klärt sich los vom Grunde,
Wo Blum und Blatt von Zitterperle triefen –
Ein Paradies wird um mich her die Runde.

Hinaufgeschaut! – Der Berge Gipfelriesen   4695
Verkünden schon die feierlichste Stunde;
Sie dürfen früh des ewigen Lichts genießen,
Das später sich zu uns hernieder wendet.
Jetzt zu der Alpe grüngesenkten Wiesen
Wird neuer Glanz und Deutlichkeit gespendet,   4700
Und stufenweis herab ist es gelungen; –
Sie tritt hervor! – und leider schon geblendet,
Kehr ich mich weg, vom Augenschmerz durchdrungen.

So ist es also, wenn ein sehnend Hoffen
Dem höchsten Wunsch sich traulich zugerungen,   4705
Erfüllungspforten findet flügeloffen;
Nun aber bricht aus jenen ewigen Gründen
Ein Flammenübermaß, wir stehn betroffen;
Des Lebens Fackel wollten wir entzünden,
Ein Feuermeer umschlingt uns, welch ein Feuer!   4710
Ist's Lieb? ist's Haß? die glühend uns umwinden,
Mit Schmerz und Freuden wechselnd ungeheuer,
So daß wir wieder nach der Erde blicken,
Zu bergen uns in jugendlichstem Schleier.

So bleibe denn die Sonne mir im Rücken!   4715
Der Wassersturz, das Felsenriff durchbrausend,

Ihn schau ich an mit wachsendem Entzücken.
Von Sturz zu Sturzen wälzt er jetzt in tausend,
Dann abertausend Strömen sich ergießend,
Hoch in die Lüfte Schaum an Schäume sausend.   4720
Allein wie herrlich, diesem Sturm ersprießend,
Wölbt sich des bunten Bogens Wechseldauer,
Bald rein gezeichnet, bald in Luft zerfließend,
Umher verbreitend duftig kühle Schauer.
Der spiegelt ab das menschliche Bestreben.   4725
Ihm sinne nach, und du begreifst genauer:
Am farbigen Abglanz haben wir das Leben.

Kaiserliche Pfalz

Saal des Thrones

Staatsrat in Erwartung des Kaisers.

Trompeten.

HOFGESINDE *aller Art, prächtig gekleidet, tritt vor. Der* KAISER
gelangt auf den Thron; zu seiner Rechten der ASTROLOG.

KAISER. Ich grüße die Getreuen, Lieben,
      Versammelt aus der Näh und Weite; –
      Den Weisen seh ich mir zur Seite,   4730
      Allein wo ist der Narr geblieben?
JUNKER. Gleich hinter deiner Mantelschleppe
      Stürzt' er zusammen auf der Treppe,
      Man trug hinweg das Fettgewicht,
      Tot oder trunken? weiß man nicht.   4735
ZWEITER JUNKER.
      Sogleich mit wunderbarer Schnelle
      Drängt sich ein andrer an die Stelle.
      Gar köstlich ist er aufgeputzt,
      Doch fratzenhaft, daß jeder stutzt;
      Die Wache hält ihm an der Schwelle   4740
      Kreuzweis die Hellebarden vor –
      Da ist er doch, der kühne Tor!
MEPHISTOPHELES *(am Throne knieend).*
      Was ist verwünscht und stets willkommen?
      Was ist ersehnt und stets verjagt?

Was immerfort in Schutz genommen?   4745
Was hart gescholten und verklagt?
Wen darfst du nicht herbeiberufen?
Wen höret jeder gern genannt?
Was naht sich deines Thrones Stufen?
Was hat sich selbst hinweggebannt?   4750
KAISER. Für diesmal spare deine Worte!
   Hier sind die Rätsel nicht am Orte,
   Das ist die Sache dieser Herrn. –
   Da löse du! das hört ich gern.
   Mein alter Narr ging, fürcht ich, weit ins Weite; 4755
   Nimm seinen Platz und komm an meine Seite.
   (Mephistopheles steigt hinauf und stellt sich zur Linken.)
GEMURMEL DER MENGE.
      Ein neuer Narr – Zu neuer Pein –
      Wo kommt er her? – Wie kam er ein? –
      Der alte fiel – Der hat vertan –
      Es war ein Faß – Nun ist's ein Span –   4760
KAISER. Und also, ihr Getreuen, Lieben,
   Willkommen aus der Näh und Ferne!
   Ihr sammelt euch mit günstigem Sterne,
   Da droben ist uns Glück und Heil geschrieben.
   Doch sagt, warum in diesen Tagen,   4765
   Wo wir der Sorgen uns entschlagen,
   Schönbärte mummenschänzlich tragen
   Und Heitres nur genießen wollten,
   Warum wir uns ratschlagend quälen sollten?
   Doch weil ihr meint, es ging' nicht anders an,   4770
   Geschehen ist's, so sei's getan.
KANZLER. Die höchste Tugend, wie ein Heiligenschein,
   Umgibt des Kaisers Haupt, nur er allein
   Vermag sie gültig auszuüben:
   Gerechtigkeit! – Was alle Menschen lieben,   4775
   Was alle fordern, wünschen, schwer entbehren,
   Es liegt an ihm, dem Volk es zu gewähren.
   Doch ach! Was hilft dem Menschengeist Verstand,
   Dem Herzen Güte, Willigkeit der Hand,
   Wenn's fieberhaft durchaus im Staate wütet,   4780
   Und Übel sich in Übeln überbrütet?
   Wer schaut hinab von diesem hohen Raum
   Ins weite Reich, ihm scheint's ein schwerer Traum,

Wo Mißgestalt in Mißgestalten schaltet,
Das Ungesetz gesetzlich überwaltet,   4785
Und eine Welt des Irrtums sich entfaltet.

Der raubt sich Herden, der ein Weib,
Kelch, Kreuz und Leuchter vom Altare,
Berühmt sich dessen manche Jahre
Mit heiler Haut, mit unverletztem Leib.   4790
Jetzt drängen Kläger sich zur Halle,
Der Richter prunkt auf hohem Pfühl,
Indessen wogt, in grimmigem Schwalle,
Des Aufruhrs wachsendes Gewühl.
Der darf auf Schand und Frevel pochen,   4795
Der auf Mitschuldigste sich stützt,
Und: *Schuldig!* hörst du ausgesprochen,
Wo Unschuld nur sich selber schützt.
So will sich alle Welt zerstückeln,
Vernichtigen, was sich gebührt;   4800
Wie soll sich da der Sinn entwickeln,
Der einzig uns zum Rechten führt?
Zuletzt ein wohlgesinnter Mann
Neigt sich dem Schmeichler, dem Bestecher,
Ein Richter, der nicht strafen kann,   4805
Gesellt sich endlich zum Verbrecher.
Ich malte schwarz, doch dichtern Flor
Zög ich dem Bilde lieber vor. *(Pause.)*

Entschlüsse sind nicht zu vermeiden;
Wenn alle schädigen, alle leiden,   4810
Geht selbst die Majestät zu Raub.

HEERMEISTER. Wie tobt's in diesen wilden Tagen!
Ein jeder schlägt und wird erschlagen,
Und fürs Kommando bleibt man taub.
Der Bürger hinter seinen Mauern,   4815
Der Ritter auf dem Felsennest
Verschwuren sich, uns auszudauern,
Und halten ihre Kräfte fest.
Der Mietsoldat wird ungeduldig,
Mit Ungestüm verlangt er seinen Lohn,   4820
Und wären wir ihm nichts mehr schuldig,
Er liefe ganz und gar davon.

Verbiete wer, was alle wollten,
Der hat ins Wespennest gestört;
Das Reich, das sie beschützen sollten,   4825
Es liegt geplündert und verheert.
Man läßt ihr Toben wütend hausen,
Schon ist die halbe Welt vertan;
Es sind noch Könige da draußen,
Doch keiner denkt, es ging' ihn irgend an.   4830

SCHATZMEISTER. Wer wird auf Bundsgenossen pochen!
Subsidien, die man uns versprochen,
Wie Röhrenwasser bleiben aus.
Auch, Herr, in deinen weiten Staaten
An wen ist der Besitz geraten?   4835
Wohin man kommt, da hält ein Neuer Haus,
Und unabhängig will er leben,   ʼ
Zusehen muß man, wie er's treibt;
Wir haben so viel Rechte hingegeben,
Daß uns auf nichts ein Recht mehr übrig bleibt.   4840
Auch auf Parteien, wie sie heißen,
Ist heutzutage kein Verlaß;
Sie mögen schelten oder preisen,
Gleichgültig wurden Lieb und Haß.
Die Ghibellinen wie die Guelfen   4845
Verbergen sich, um auszuruhn;
Wer jetzt will seinem Nachbar helfen?
Ein jeder hat für sich zu tun.
Die Goldespforten sind verrammelt,
Ein jeder kratzt und scharrt und sammelt,   4850
Und unsre Kassen bleiben leer.

MARSCHALK.
Welch Unheil muß auch ich erfahren!
Wir wollen alle Tage sparen
Und brauchen alle Tage mehr.
Und täglich wächst mir neue Pein.   4855
Den Köchen tut kein Mangel wehe;
Wildschweine, Hirsche, Hasen, Rehe,
Welschhühner, Hühner, Gäns und Enten,
Die Deputate, sichre Renten,
Sie gehen noch so ziemlich ein.   4860
Jedoch am Ende fehlt's am Wein.
Wenn sonst im Keller Faß an Faß sich häufte,

Der besten Berg' und Jahresläufte,
So schlürft unendliches Gesäufte
Der edlen Herrn den letzten Tropfen aus.   4865
Der Stadtrat muß sein Lager auch verzapfen,
Man greift zu Humpen, greift zu Napfen,
Und unterm Tische liegt der Schmaus.
Nun soll ich zahlen, alle lohnen;
Der Jude wird mich nicht verschonen,   4870
Der schafft Antizipationen,
Die speisen Jahr um Jahr voraus.
Die Schweine kommen nicht zu Fette,
Verpfändet ist der Pfühl im Bette,
Und auf den Tisch kommt vorgegessen Brot.   4875

KAISER *(nach einigem Nachdenken zu Mephistopheles).*
Sag, weißt du Narr nicht auch noch eine Not?

MEPHISTOPHELES.
Ich keineswegs. Den Glanz umher zu schauen,
Dich und die Deinen! – Mangelte Vertrauen,
Wo Majestät unweigerlich gebeut,
Bereite Macht Feindseliges zerstreut?   4880
Wo guter Wille, kräftig durch Verstand,
Und Tätigkeit, vielfältige, zur Hand?
Was könnte da zum Unheil sich vereinen,
Zur Finsternis, wo solche Sterne scheinen?

GEMURMEL. Das ist ein Schalk – Der's wohl versteht –   4885
          Er lügt sich ein – So lang es geht –
          Ich weiß schon – Was dahinter steckt –
          Und was denn weiter? – Ein Projekt –

MEPHISTOPHELES.
Wo fehlt's nicht irgendwo auf dieser Welt?
Dem dies, dem das, hier aber fehlt das Geld.   4890
Vom Estrich zwar ist es nicht aufzuraffen;
Doch Weisheit weiß das Tiefste herzuschaffen.
In Bergesadern, Mauergründen
Ist Gold gemünzt und ungemünzt zu finden,
Und fragt ihr mich, wer es zu Tage schafft: 4895
Begabten Manns Natur- und Geisteskraft.

KANZLER.
Natur und Geist – so spricht man nicht zu Christen.
Deshalb verbrennt man Atheisten,
Weil solche Reden höchst gefährlich sind.

Natur ist Sünde, Geist ist Teufel, 4900
Sie hegen zwischen sich den Zweifel,
Ihr mißgestaltet Zwitterkind.
Uns nicht so! – Kaisers alten Landen
Sind zwei Geschlechter nur entstanden,
Sie stützen würdig seinen Thron: 4905
Die Heiligen sind es und die Ritter;
Sie stehen jedem Ungewitter
Und nehmen Kirch und Staat zum Lohn.
Dem Pöbelsinn verworrner Geister
Entwickelt sich ein Widerstand: 4910
Die Ketzer sind's! die Hexenmeister!
Und sie verderben Stadt und Land.
Die willst du nun mit frechen Scherzen
In diese hohen Kreise schwärzen;
Ihr hegt euch an verderbtem Herzen, 4915
Dem Narren sind sie nah verwandt.

MEPHISTOPHELES.
Daran erkenn ich den gelehrten Herrn!
Was ihr nicht tastet, steht euch meilenfern,
Was ihr nicht faßt, das fehlt euch ganz und gar,
Was ihr nicht rechnet, glaubt ihr, sei nicht wahr, 4920
Was ihr nicht wägt, hat für euch kein Gewicht,
Was ihr nicht münzt, das, meint ihr, gelte nicht.

KAISER. Dadurch sind unsre Mängel nicht erledigt,
Was willst du jetzt mit deiner Fastenpredigt?
Ich habe satt das ewige Wie und Wenn; 4925
Es fehlt an Geld, nun gut, so schaff es denn.

MEPHISTOPHELES.
Ich schaffe, was ihr wollt, und schaffe mehr;
Zwar ist es leicht, doch ist das Leichte schwer;
Es liegt schon da, doch um es zu erlangen,
Das ist die Kunst, wer weiß es anzufangen? 4930
Bedenkt doch nur: in jenen Schreckensläuften,
Wo Menschenfluten Land und Volk ersäuften,
Wie der und der, so sehr es ihn erschreckte,
Sein Liebstes da- und dortwohin versteckte.
So war's von je in mächtiger Römer Zeit, 4935
Und so fortan, bis gestern, ja bis heut.
Das alles liegt im Boden still begraben,
Der Boden ist des Kaisers, der soll's haben.

SCHATZMEISTER.
  Für einen Narren spricht er gar nicht schlecht,
  Das ist fürwahr des alten Kaisers Recht.   4940

KANZLER.
  Der Satan legt euch goldgewirkte Schlingen:
  Es geht nicht zu mit frommen rechten Dingen.

MARSCHALK.
  Schafft' er uns nur zu Hof willkommne Gaben,
  Ich wollte gern ein bißchen Unrecht haben.

HEERMEISTER.
  Der Narr ist klug, verspricht, was jedem frommt;   4945
  Fragt der Soldat doch nicht, woher es kommt.

MEPHISTOPHELES.
  Und glaubt ihr euch vielleicht durch mich betrogen –
  Hier steht ein Mann! da, fragt den Astrologen!
  In Kreis um Kreise kennt er Stund und Haus;
  So sage denn: wie sieht's am Himmel aus?   4950

GEMURMEL.
      Zwei Schelme sind's – Verstehn sich schon –
      Narr und Phantast – So nah dem Thron –
      Ein mattgesungen – Alt Gedicht –
      Der Tor bläst ein – Der Weise spricht –

ASTROLOG (*spricht, Mephistopheles bläst ein*).
  Die Sonne selbst, sie ist ein lautres Gold,   4955
  Merkur, der Bote, dient um Gunst und Sold,
  Frau Venus hat's euch allen angetan,
  So früh als spat blickt sie euch lieblich an;
  Die keusche Luna launet grillenhaft,
  Mars, trifft er nicht, so dräut euch seine Kraft.   4960
  Und Jupiter bleibt doch der schönste Schein,
  Saturn ist groß, dem Auge fern und klein.
  Ihn als Metall verehren wir nicht sehr,
  An Wert gering, doch im Gewichte schwer.
  Ja! wenn zu Sol sich Luna fein gesellt,   4965
  Zum Silber Gold, dann ist es heitre Welt;
  Das übrige ist alles zu erlangen:
  Paläste, Gärten, Brüstlein, rote Wangen;
  Das alles schafft der hochgelahrte Mann,
  Der das vermag, was unser keiner kann.   4970

KAISER. Ich höre doppelt, was er spricht,
  Und dennoch überzeugt's mich nicht.

GEMURMEL. Was soll uns das? – Gedroschner Spaß –
    Kalenderei – Chymisterei –
    Das hört ich oft – Und falsch gehofft –   4975
    Und kommt er auch – So ist's ein Gauch –
MEPHISTOPHELES. Da stehen sie umher und staunen,
    Vertrauen nicht dem hohen Fund,
    Der eine faselt von Alraunen,
    Der andre von dem schwarzen Hund.   4980
    Was soll es, daß der eine witzelt,
    Ein andrer Zauberei verklagt,
    Wenn ihm doch auch einmal die Sohle kitzelt,
    Wenn ihm der sichre Schritt versagt.

    Ihr alle fühlt geheimes Wirken   4985
    Der ewig waltenden Natur,
    Und aus den untersten Bezirken
    Schmiegt sich herauf lebend'ge Spur.
    Wenn es in allen Gliedern zwackt,
    Wenn es unheimlich wird am Platz,   4990
    Nur gleich entschlossen grabt und hackt,
    Da liegt der Spielmann, liegt der Schatz!

GEMURMEL. Mir liegt's im Fuß wie Bleigewicht –
    Mir krampft's im Arme – Das ist Gicht –
    Mir krabbelt's an der großen Zeh –   4995
    Mir tut der ganze Rücken weh –
    Nach solchen Zeichen wäre hier
    Das allerreichste Schatzrevier.
KAISER. Nur eilig! du entschlüpfst nicht wieder,
    Erprobe deine Lügenschäume,   5000
    Und zeig uns gleich die edlen Räume.
    Ich lege Schwert und Zepter nieder,
    Und will mit eignen hohen Händen,
    Wenn du nicht lügst, das Werk vollenden,
    Dich, wenn du lügst, zur Hölle senden!   5005
MEPHISTOPHELES.
    Den Weg dahin wüßt allenfalls zu finden –
    Doch kann ich nicht genug verkünden,
    Was überall besitzlos harrend liegt.
    Der Bauer, der die Furche pflügt,
    Hebt einen Goldtopf mit der Scholle,   5010
    Salpeter hofft er von der Leimenwand

Und findet golden-goldne Rolle
Erschreckt, erfreut in kümmerlicher Hand.
Was für Gewölbe sind zu sprengen,
In welchen Klüften, welchen Gängen   5015
Muß sich der Schatzbewußte drängen,
Zur Nachbarschaft der Unterwelt!
In weiten, altverwahrten Kellern
Von goldnen Humpen, Schüsseln, Tellern
Sieht er sich Reihen aufgestellt.   5020
Pokale stehen aus Rubinen,
Und will er deren sich bedienen,
Daneben liegt uraltes Naß.
Doch – werdet ihr dem Kundigen glauben –
Verfault ist längst das Holz der Dauben,   5025
Der Weinstein schuf dem Wein ein Faß.
Essenzen solcher edlen Weine,
Gold und Juwelen nicht alleine
Umhüllen sich mit Nacht und Graus.
Der Weise forscht hier unverdrossen;   5030
Am Tag erkennen, das sind Possen,
Im Finstern sind Mysterien zu Haus.

KAISER. Die laß ich dir! Was will das Düstre frommen?
　　Hat etwas Wert, es muß zu Tage kommen.
　　Wer kennt den Schelm in tiefer Nacht genau?   5035
　　Schwarz sind die Kühe, so die Katzen grau.
　　Die Töpfe drunten, voll von Goldgewicht,
　　Zieh deinen Pflug und ackre sie ans Licht.

MEPHISTOPHELES. Nimm Hack und Spaten, grabe selber,
　　Die Bauernarbeit macht dich groß,   5040
　　Und eine Herde goldner Kälber,
　　Sie reißen sich vom Boden los.
　　Dann ohne Zaudern, mit Entzücken
　　Kannst du dich selbst, wirst die Geliebte schmücken;
　　Ein leuchtend Farb- und Glanzgestein erhöht   5045
　　Die Schönheit wie die Majestät.

KAISER. Nur gleich, nur gleich! Wie lange soll es währen!

ASTROLOG *(wie oben)*.
　　Herr, mäßige solch dringendes Begehren,
　　Laß erst vorbei das bunte Freudenspiel;
　　Zerstreutes Wesen führt uns nicht zum Ziel.   5050
　　Erst müssen wir in Fassung uns versühnen,

Das Untre durch das Obere verdienen.
Wer Gutes will, der sei erst gut;
Wer Freude will, besänftige sein Blut;
Wer Wein verlangt, der keltre reife Trauben;   5055
Wer Wunder hofft, der stärke seinen Glauben.
KAISER. So sei die Zeit in Fröhlichkeit vertan!
Und ganz erwünscht kommt Aschermittwoch an.
Indessen feiern wir, auf jeden Fall,
Nur lustiger das wilde Karneval.   5060
(Trompeten, Exeunt.)
MEPHISTOPHELES. Wie sich Verdienst und Glück verketten,
Das fällt den Toren niemals ein;
Wenn sie den Stein der Weisen hätten,
Der Weise mangelte dem Stein.

Weitläufiger Saal mit Nebengemächern,
verziert und aufgeputzt zur Mummenschanz.

HEROLD. Denkt nicht, ihr seid in deutschen Grenzen   5065
Von Teufels-, Narren- und Totentänzen;
Ein heitres Fest erwartet euch.
Der Herr, auf seinen Römerzügen,
Hat, sich zu Nutz, euch zum Vergnügen,
Die hohen Alpen überstiegen,   5070
Gewonnen sich ein heitres Reich.
Der Kaiser, er, an heiligen Sohlen
Erbat sich erst das Recht zur Macht,
Und als er ging, die Krone sich zu holen,
Hat er uns auch die Kappe mitgebracht.   5075
Nun sind wir alle neugeboren;
Ein jeder weltgewandte Mann
Zieht sie behaglich über Kopf und Ohren;
Sie ähnlet ihn verrückten Toren,
Er ist darunter weise, wie er kann.   5080
Ich sehe schon, wie sie sich scharen,
Sich schwankend sondern, traulich paaren;
Zudringlich schließt sich Chor an Chor.
Herein, hinaus, nur unverdrossen;
Es bleibt doch endlich nach wie vor   5085
Mit ihren hunderttausend Possen
Die Welt ein einzig großer Tor.

GÄRTNERINNEN *(Gesang, begleitet von Mandolinen).*
  Euren Beifall zu gewinnen,
  Schmückten wir uns diese Nacht,
  Junge Florentinerinnen   5090
  Folgten deutschen Hofes Pracht;

  Tragen wir in braunen Locken
  Mancher heitern Blume Zier;
  Seidenfäden, Seidenflocken
  Spielen ihre Rolle hier.   5095

  Denn wir halten es verdienstlich,
  Lobenswürdig ganz und gar,
  Unsere Blumen, glänzend künstlich,
  Blühen fort das ganze Jahr.

  Allerlei gefärbten Schnitzeln   5100
  Ward symmetrisch Recht getan;
  Mögt ihr Stück für Stück bewitzeln,
  Doch das Ganze zieht euch an.

  Niedlich sind wir anzuschauen,
  Gärtnerinnen und galant;   5105
  Denn das Naturell der Frauen
  Ist so nah mit Kunst verwandt.

HEROLD. Laßt die reichen Körbe sehen,
  Die ihr auf den Häupten traget,
  Die sich bunt am Arme blähen,   5110
  Jeder wähle, was behaget.
  Eilig, daß in Laub und Gängen
  Sich ein Garten offenbare!
  Würdig sind sie zu umdrängen,
  Krämerinnen wie die Ware.   5115

GÄRTNERINNEN. Feilschet nun am heitern Orte,
  Doch kein Markten finde statt!
  Und mit sinnig kurzem Worte
  Wisse jeder, was er hat.

OLIVENZWEIG MIT FRÜCHTEN.
  Keinen Blumenflor beneid ich,   5120
  Allen Widerstreit vermeid ich;
  Mir ist's gegen die Natur:
  Bin ich doch das Mark der Lande,

Und, zum sichern Unterpfande,
Friedenszeichen jeder Flur.   5125
Heute, hoff ich, soll mir's glücken,
Würdig schönes Haupt zu schmücken.

ÄHRENKRANZ *(golden)*.
Ceres' Gaben, euch zu putzen,
Werden hold und lieblich stehn:
Das Erwünschteste dem Nutzen   5130
Sei als eure Zierde schön.

PHANTASIEKRANZ.
Bunte Blumen, Malven ähnlich,
Aus dem Moos ein Wunderflor!
Der Natur ist's nicht gewöhnlich,
Doch die Mode bringt's hervor.   5135

PHANTASIESTRAUSS.
Meinen Namen euch zu sagen,
Würde Theophrast nicht wagen,
Und doch hoff ich, wo nicht allen,
Aber mancher zu gefallen,
Der ich mich wohl eignen möchte,   5140
Wenn sie mich ins Haar verflöchte,
Wenn sie sich entschließen könnte,
Mir am Herzen Platz vergönnte.

ROSENKNOSPEN *(Ausforderung)*.
Mögen bunte Phantasien
Für des Tages Mode blühen,   5145
Wunderseltsam sein gestaltet,
Wie Natur sich nie entfaltet;
Grüne Stiele, goldne Glocken,
Blickt hervor aus reichen Locken! –
Doch wir halten uns versteckt: 5150
Glücklich, wer uns frisch entdeckt.
Wenn der Sommer sich verkündet,
Rosenknospe sich entzündet,
Wer mag solches Glück entbehren?
Das Versprechen, das Gewähren,   5155
Das beherrscht in Florens Reich
Blick und Sinn und Herz zugleich.

(Unter grünen Laubgängen putzen die Gärtnerinnen zierlich ihren
Kram auf.)

GÄRTNER *(Gesang, begleitet von Theorben).*

Blumen sehet ruhig sprießen,
Reizend euer Haupt umzieren,
Früchte wollen nicht verführen, 5160
Kostend mag man sie genießen.

Bieten bräunliche Gesichter
Kirschen, Pfirschen, Königspflaumen,
Kauft! denn gegen Zung und Gaumen
Hält sich Auge schlecht als Richter. 5165

Kommt, von allerreifsten Früchten
Mit Geschmack und Lust zu speisen!
Über Rosen läßt sich dichten,
In die Äpfel muß man beißen.

Sei's erlaubt, uns anzupaaren 5170
Eurem reichen Jugendflor,
Und wir putzen reifer Waren
Fülle nachbarlich empor.

Unter lustigen Gewinden,
In geschmückter Lauben Bucht, 5175
Alles ist zugleich zu finden:
Knospe, Blätter, Blume, Frucht.

(Unter Wechselgesang, begleitet von Gitarren und Theorben, fahren beide Chöre fort, ihre Waren stufenweis in die Höhe zu schmücken und auszubieten.)

MUTTER *und* TOCHTER.

MUTTER. Mädchen, als du kamst ans Licht,
Schmückt ich dich im Häubchen;
Warst so lieblich von Gesicht, 5180
Und so zart am Leibchen.
Dachte dich sogleich als Braut,
Gleich dem Reichsten angetraut,
Dachte dich als Weibchen.

Ach! Nun ist schon manches Jahr 5185
Ungenützt verflogen,
Der Sponsierer bunte Schar
Schnell vorbeigezogen;

Tanztest mit dem einen flink,
Gabst dem andern feinen Wink   5190
Mit dem Ellenbogen.

Welches Fest man auch ersann,
Ward umsonst begangen,
Pfänderspiel und dritter Mann
Wollten nicht verfangen;   5195
Heute sind die Narren los,
Liebchen, öffne deinen Schoß,
Bleibt wohl einer hangen.

GESPIELINNEN, *jung und schön, gesellen sich hinzu, ein vertrauliches Geplauder wird laut.*

FISCHER *und* VOGELSTELLER *mit Netzen, Angeln und Leimruten, auch sonstigem Geräte treten auf, mischen sich unter die schönen Kinder. Wechselseitige Versuche, zu gewinnen, zu fangen, zu entgehen und festzuhalten, geben zu den angenehmsten Dialogen Gelegenheit.*

HOLZHAUER (*treten ein, ungestüm und ungeschlacht*).
Nur Platz! nur Blöße!
Wir brauchen Räume,   5200
Wir fällen Bäume,
Die krachen, schlagen;
Und wenn wir tragen,
Da gibt es Stöße.
Zu unserm Lobe   5205
Bringt dies ins reine;
Denn wirkten Grobe
Nicht auch im Lande,
Wie kämen Feine
Für sich zustande,   5210
So sehr sie witzten?
Des seid belehret!
Denn ihr erfröret,
Wenn wir nicht schwitzten.

PULCINELLE (*täppisch, fast läppisch*).
Ihr seid die Toren,   5215
Gebückt geboren.
Wir sind die Klugen,
Die nie was trugen;

Denn unsre Kappen,
Jacken und Lappen   5220
Sind leicht zu tragen;
Und mit Behagen
Wir immer müßig,
Pantoffelfüßig,
Durch Markt und Haufen   5225
Einher zu laufen,
Gaffend zu stehen,
Uns anzukrähen;
Auf solche Klänge
Durch Drang und Menge   5230
Aalgleich zu schlüpfen,
Gesamt zu hüpfen,
Vereint zu toben.
Ihr mögt uns loben,
Ihr mögt uns schelten,   5235
Wir lassen's gelten.

PARASITEN *(schmeichelnd-lüstern).*
Ihr wackern Träger
Und eure Schwäger,
Die Kohlenbrenner,
Sind unsre Männer.   5240
Denn alles Bücken,
Bejahndes Nicken,
Gewundne Phrasen,
Das Doppelblasen,
Das wärmt und kühlet,   5245
Wie's einer fühlet,
Was könnt es frommen?
Es möchte Feuer
Selbst ungeheuer
Vom Himmel kommen,   5250
Gäb es nicht Scheite
Und Kohlentrachten,
Die Herdesbreite
Zur Glut entfachten.
Da brät's und prudelt's,   5255
Da kocht's und strudelt's.
Der wahre Schmecker,
Der Tellerlecker,

Er riecht den Braten,
Er ahnet Fische;   5260
Das regt zu Taten
An Gönners Tische.

TRUNKNER *(unbewußt)*. Sei mir heute nichts zuwider!
Fühle mich so frank und frei;
Frische Lust und heitre Lieder,   5265
Holt ich selbst sie doch herbei.
Und so trink ich! Trinke, trinke.
Stoßet an, ihr! Tinke, Tinke!
Du dorthinten, komm heran!
Stoßet an, so ist's getan.   5270

Schrie mein Weibchen doch entrüstet,
Rümpfte diesem bunten Rock,
Und, wie sehr ich mich gebrüstet,
Schalt mich einen Maskenstock.
Doch ich trinke! Trinke, trinke!   5275
Angeklungen! Tinke, Tinke!
Maskenstöcke, stoßet an!
Wenn es klingt, so ist's getan.

Saget nicht, daß ich verirrt bin,
Bin ich doch, wo mir's behagt.   5280
Borgt der Wirt nicht, borgt die Wirtin,
Und am Ende borgt die Magd.
Immer trink ich! Trinke, trinke!
Auf, ihr andern! Tinke, Tinke!
Jeder jedem! so fortan!   5285
Dünkt mich's doch, es sei getan.

Wie und wo ich mich vergnüge,
Mag es immerhin geschehn;
Laßt mich liegen, wo ich liege,
Denn ich mag nicht länger stehn.   5290

CHOR.   Jeder Bruder trinke, trinke!
Toastet frisch ein Tinke, Tinke!
Sitzet fest auf Bank und Span!
Unterm Tisch *dem* ist's getan.

Der HEROLD *kündigt verschiedene Poeten an, Naturdichter, Hof-
und Rittersänger, zärtliche sowie Enthusiasten. Im Gedräng von Mit-
werbern aller Art läßt keiner den andern zum Vortrag kommen. Einer
schleicht mit wenigen Worten vorüber.*

SATIRIKER. Wißt ihr, was mich Poeten   5295
   Erst recht erfreuen sollte?
   Dürft ich singen und reden,
   Was niemand hören wollte.

*Die Nacht- und Grabdichter lassen sich entschuldigen, weil sie soeben
im interessantesten Gespräch mit einem frisch erstandenen Vampyren
begriffen seien, woraus eine neue Dichtart sich vielleicht entwickeln
könnte; der Herold muß es gelten lassen und ruft indessen die griechi-
sche Mythologie hervor, die, selbst in moderner Maske, weder Cha-
rakter noch Gefälliges verliert.*

DIE GRAZIEN.

AGLAIA. Anmut bringen wir ins Leben;
   Leget Anmut in das Geben.   5300
HEGEMONE. Leget Anmut ins Empfangen,
   Lieblich ist's, den Wunsch erlangen.
EUPHROSYNE. Und in stiller Tage Schranken
   Höchst anmutig sei das Danken.

DIE PARZEN.

ATROPOS. Mich, die Älteste, zum Spinnen   5305
   Hat man diesmal eingeladen;
   Viel zu denken, viel zu sinnen
   Gibt's beim zarten Lebensfaden.

   Daß er euch gelenk und weich sei,
   Wußt ich feinsten Flachs zu sichten;   5310
   Daß er glatt und schlank und gleich sei,
   Wird der kluge Finger schlichten.

   Wolltet ihr bei Lust und Tänzen
   Allzu üppig euch erweisen,
   Denkt an dieses Fadens Grenzen,   5315
   Hütet euch! Er möchte reißen.

KLOTHO. Wißt, in diesen letzten Tagen
Ward die Schere mir vertraut;
Denn man war von dem Betragen
Unsrer Alten nicht erbaut.   5320

Zerrt unnützeste Gespinste
Lange sie an Licht und Luft,
Hoffnung herrlichster Gewinste
Schleppt sie schneidend zu der Gruft.

Doch auch ich im Jugendwalten   5325
Irrte mich schon hundertmal;
Heute mich im Zaum zu halten,
Schere steckt im Futteral.

Und so bin ich gern gebunden,
Blicke freundlich diesem Ort;   5330
Ihr in diesen freien Stunden
Schwärmt nur immer fort und fort.

LACHESIS. Mir, die ich allein verständig,
Blieb das Ordnen zugeteilt;
Meine Weife, stets lebendig,   5335
Hat noch nie sich übereilt.

Fäden kommen, Fäden weifen,
Jeden lenk ich seine Bahn,
Keinen laß ich überschweifen,
Füg er sich im Kreis heran.   5340

Könnt ich einmal mich vergessen,
Wär es um die Welt mir bang;
Stunden zählen, Jahre messen,
Und der Weber nimmt den Strang.

HEROLD. Die jetzo kommen, werdet ihr nicht kennen, 5345
Wärt ihr noch so gelehrt in alten Schriften;
Sie anzusehn, die so viel Übel stiften,
Ihr würdet sie willkommne Gäste nennen.

Die *Furien* sind es, niemand wird uns glauben,
Hübsch, wohlgestaltet, freundlich, jung von Jahren; 5350
Laßt euch mit ihnen ein, ihr sollt erfahren,
Wie schlangenhaft verletzen solche Tauben.

    Zwar sind sie tückisch, doch am heutigen Tage,
Wo jeder Narr sich rühmet seiner Mängel,
Auch sie verlangen nicht den Ruhm als Engel,   5355
Bekennen sich als Stadt- und Landesplage.

DIE FURIEN.

ALEKTO. Was hilft es euch? ihr werdet uns vertrauen,
    Denn wir sind hübsch und jung und Schmeichelkätzchen;
    Hat einer unter euch ein Liebeschätzchen,
    Wir werden ihm so lang die Ohren krauen,   5360

    Bis wir ihm sagen dürfen, Aug in Auge:
    Daß sie zugleich auch dem und jenem winke,
    Im Kopfe dumm, im Rücken krumm, und hinke,
    Und, wenn sie seine Braut ist, gar nichts tauge.

    So wissen wir die Braut auch zu bedrängen: 5365
    Es hat sogar der Freund, vor wenig Wochen,
    Verächtliches von ihr zu *der* gesprochen! –
    Versöhnt man sich, so bleibt doch etwas hängen.

MEGÄRA. Das ist nur Spaß! denn, sind sie erst verbunden,
    Ich nehm es auf und weiß in allen Fällen   5370
    Das schönste Glück durch Grille zu vergällen;
    Der Mensch ist ungleich, ungleich sind die Stunden.

    Und niemand hat Erwünschtes fest in Armen,
    Der sich nicht nach Erwünschterem törig sehnte,
    Vom höchsten Glück, woran er sich gewöhnte;   5375
    Die Sonne flieht er, will den Frost erwarmen.

    Mit diesem allen weiß ich zu gebaren,
    Und führe her Asmodi, den Getreuen,
    Zu rechter Zeit Unseliges auszustreuen,
    Verderbe so das Menschenvolk in Paaren.   5380

TISIPHONE. Gift und Dolch statt böser Zungen
    Misch ich, schärf ich dem Verräter;
    Liebst du andre, früher, später
    Hat Verderben dich durchdrungen.

    Muß der Augenblicke Süßtes   5385
    Sich zu Gischt und Galle wandeln!
    Hier kein Markten, hier kein Handeln,
    Wie er es beging', er büßt es.

Singe keiner vom Vergeben!
Felsen klag ich meine Sache, 5390
Echo! horch! erwidert: Rache!
Und wer wechselt, soll nicht leben.

HEROLD. Belieb es euch, zur Seite wegzuweichen,
Denn was jetzt kommt, ist nicht von euresgleichen.
Ihr seht, wie sich ein Berg herangedrängt, 5395
Mit bunten Teppichen die Weichen stolz behängt,
Ein Haupt mit langen Zähnen, Schlangenrüssel,
Geheimnisvoll, doch zeig ich euch den Schlüssel.
Im Nacken sitzt ihm zierlich-zarte Frau,
Mit feinem Stäbchen lenkt sie ihn genau; 5400
Die andre, droben stehend herrlich-hehr,
Umgibt ein Glanz, der blendet mich zu sehr.
Zur Seite gehn gekettet edle Frauen,
Die eine bang, die andre froh zu schauen;
Die eine wünscht, die andre fühlt sich frei. 5405
Verkünde jede, wer sie sei.

FURCHT. Dunstige Fackeln, Lampen, Lichter
Dämmern durchs verworrne Fest;
Zwischen diese Truggesichter
Bannt mich, ach! die Kette fest. 5410

Fort, ihr lächerlichen Lacher!
Euer Grinsen gibt Verdacht;
Alle meine Widersacher
Drängen mich in dieser Nacht.

Hier! ein Freund ist Feind geworden, 5415
Seine Maske kenn ich schon;
Jener wollte mich ermorden,
Nun entdeckt schleicht er davon.

Ach wie gern in jeder Richtung
Flöh ich zu der Welt hinaus; 5420
Doch von drüben droht Vernichtung,
Hält mich zwischen Dunst und Graus.

HOFFNUNG. Seid gegrüßt, ihr lieben Schwestern!
Habt ihr euch schon heut und gestern
In Vermummungen gefallen, 5425
Weiß ich doch gewiß von allen:

Morgen wollt ihr euch enthüllen.
Und wenn wir bei Fackelscheine
Uns nicht sonderlich behagen,
Werden wir in heitern Tagen   5430
Ganz nach unserm eignen Willen
Bald gesellig, bald alleine
Frei durch schöne Fluren wandeln,
Nach Belieben ruhn und handeln
Und in sorgenfreiem Leben   5435
Nie entbehren, stets erstreben;
Überall willkommne Gäste,
Treten wir getrost hinein:
Sicherlich, es muß das Beste
Irgendwo zu finden sein.   5440

KLUGHEIT. Zwei der größten Menschenfeinde,
Furcht und Hoffnung, angekettet,
Halt ich ab von der Gemeinde;
Platz gemacht! ihr seid gerettet.

Den lebendigen Kolossen   5445
Führ ich, seht ihr, turmbeladen,
Und er wandelt unverdrossen
Schritt vor Schritt auf steilen Pfaden.

Droben aber auf der Zinne
Jene Göttin mit behenden   5450
Breiten Flügeln, zum Gewinne
Allerseits sich hinzuwenden.

Rings umgibt sie Glanz und Glorie,
Leuchtend fern nach allen Seiten;
Und sie nennet sich Viktorie,   5455
Göttin aller Tätigkeiten.

ZOILO-THERSITES. Hu! Hu! da komm ich eben recht,
Ich schelt euch allzusammen schlecht!
Doch was ich mir zum Ziel ersah,
Ist oben Frau Viktoria.   5460
Mit ihrem weißen Flügelpaar
Sie dünkt sich wohl, sie sei ein Aar,
Und wo sie sich nur hingewandt,
Gehör ihr alles Volk und Land;

Doch wo was Rühmliches gelingt,   5465
Es mich sogleich in Harnisch bringt.
Das Tiefe hoch, das Hohe tief,
Das Schiefe grad, das Grade schief,
Das ganz allein macht mich gesund,
So will ich's auf dem Erdenrund.   5470
HEROLD. So treffe dich, du Lumpenhund,
Des frommen Stabes Meisterstreich!
Da krümm und winde dich sogleich! –
Wie sich die Doppelzwerggestalt
So schnell zum eklen Klumpen ballt! –   5475
– Doch Wunder! – Klumpen wird zum Ei,
Das bläht sich auf und platzt entzwei.
Nun fällt ein Zwillingspaar heraus,
Die Otter und die Fledermaus;
Die eine fort im Staube kriecht,   5480
Die andre schwarz zur Decke fliegt.
Sie eilen draußen zum Verein;
Da möcht ich nicht der Dritte sein.
GEMURMEL. Frisch! dahinten tanzt man schon –
Nein! Ich wollt, ich wär davon –   5485
Fühlst du, wie uns das umflicht,
Das gespenstische Gezücht? –
Saust es mir doch übers Haar –
Ward ich's doch am Fuß gewahr –
Keiner ist von uns verletzt –   5490
Alle doch in Furcht gesetzt –
Ganz verdorben ist der Spaß –
Und die Bestien wollten das.
HEROLD. Seit mir sind bei Maskeraden
Heroldspflichten aufgeladen,   5495
Wach ich ernstlich an der Pforte,
Daß euch hier am lustigen Orte
Nichts Verderbliches erschleiche,
Weder wanke, weder weiche.
Doch ich fürchte, durch die Fenster   5500
Ziehen luftige Gespenster,
Und von Spuk und Zaubereien
Wüßt ich euch nicht zu befreien.
Machte sich der Zwerg verdächtig,
Nun! dort hinten strömt es mächtig.   5505

Die Bedeutung der Gestalten
Möcht ich amtsgemäß entfalten.
Aber was nicht zu begreifen,
Wüßt ich auch nicht zu erklären;
Helfet alle mich belehren! –   5510
Seht ihr's durch die Menge schweifen? –
Vierbespannt ein prächtiger Wagen
Wird durch alles durchgetragen;
Doch er teilet nicht die Menge,
Nirgend seh ich ein Gedränge.   5515
Farbig glitzert's in der Ferne,
Irrend leuchten bunte Sterne
Wie von magischer Laterne,
Schnaubt heran mit Sturmgewalt.
Platz gemacht! Mich schaudert's!
KNABE WAGENLENKER.   Halt!   5520
Rosse, hemmet eure Flügel,
Fühlet den gewohnten Zügel,
Meistert euch, wie ich euch meistre,
Rauschet hin, wenn ich begeistre –
Diese Räume laßt uns ehren!   5525
Schaut umher, wie sie sich mehren,
Die Bewundrer, Kreis um Kreise.
Herold, auf! nach deiner Weise,
Ehe wir von euch entfliehen,
Uns zu schildern, uns zu nennen;   5530
Denn wir sind Allegorien,
Und so solltest du uns kennen.
HEROLD. Wüßte nicht, dich zu benennen;
Eher könnt ich dich beschreiben.
KNABE LENKER. So probier's!
HEROLD.   Man muß gestehn: 5535
Erstlich bist du jung und schön.
Halbwüchsiger Knabe bist du; doch die Frauen,
Sie möchten dich ganz ausgewachsen schauen.
Du scheinest mir ein künftiger Sponsierer,
Recht so von Haus aus ein Verführer.   5540
KNABE LENKER. Das läßt sich hören! fahre fort,
Erfinde dir des Rätsels heitres Wort.
HEROLD. Der Augen schwarzer Blitz, die Nacht der Locken,
Erheitert von juwelnem Band!

Und welch ein zierliches Gewand 5545
Fließt dir von Schultern zu den Socken,
Mit Purpursaum und Glitzertand!
Man könnte dich ein Mädchen schelten;
Doch würdest du, zu Wohl und Weh,
Auch jetzo schon bei Mädchen gelten, 5550
Sie lehrten dich das ABC.

KNABE LENKER. Und dieser, der als Prachtgebilde
    Hier auf dem Wagenthrone prangt?

HEROLD. Er scheint ein König reich und milde,
    Wohl dem, der seine Gunst erlangt! 5555
    Er hat nichts weiter zu erstreben,
    Wo's irgend fehlte, späht sein Blick,
    Und seine reine Lust zu geben
    Ist größer als Besitz und Glück.

KNABE LENKER. Hiebei darfst du nicht stehen bleiben, 5560
    Du mußt ihn recht genau beschreiben.

HEROLD. Das Würdige beschreibt sich nicht.
    Doch das gesunde Mondgesicht,
    Ein voller Mund, erblühte Wangen,
    Die unterm Schmuck des Turbans prangen; 5565
    Im Faltenkleid ein reich Behagen!
    Was soll ich von dem Anstand sagen?
    Als Herrscher scheint er mir bekannt.

KNABE LENKER. Plutus, des Reichtums Gott genannt,
    Derselbe kommt in Prunk daher, 5570
    Der hohe Kaiser wünscht ihn sehr.

HEROLD. Sag von dir selber auch das *Was* und *Wie*!

KNABE LENKER.
    Bin die Verschwendung, bin die Poesie;
    Bin der Poet, der sich vollendet,
    Wenn er sein eigenst Gut verschwendet. 5575
    Auch ich bin unermeßlich reich
    Und schätze mich dem Plutus gleich,
    Beleb und schmück ihm Tanz und Schmaus,
    Das, was ihm fehlt, das teil ich aus.

HEROLD. Das Prahlen steht dir gar zu schön, 5580
    Doch laß uns deine Künste sehn.

KNABE LENKER.
    Hier seht mich nur ein Schnippchen schlagen,
    Schon glänzt's und glitzert's um den Wagen.

Da springt eine Perlenschnur hervor.
(Immerfort umherschnippend.)
Nehmt goldne Spange für Hals und Ohr;   5585
Auch Kamm und Krönchen ohne Fehl,
In Ringen köstlichstes Juwel;
Auch Flämmchen spend ich dann und wann,
Erwartend, wo es zünden kann.

HEROLD. Wie greift und hascht die liebe Menge!   5590
Fast kommt der Geber ins Gedränge.
Kleinode schnippt er wie ein Traum,
Und alles hascht im weiten Raum.
Doch da erleb ich neue Pfiffe:
Was einer noch so emsig griffe,   5595
Des hat er wirklich schlechten Lohn,
Die Gabe flattert ihm davon.
Es löst sich auf das Perlenband,
Ihm krabbeln Käfer in der Hand,
Er wirft sie weg, der arme Tropf,   5600
Und sie umsummen ihm den Kopf.
Die andern statt solider Dinge
Erhaschen frevle Schmetterlinge.
Wie doch der Schelm so viel verheißt,
Und nur verleiht, was golden gleißt!   5605

KNABE LENKER.
Zwar Masken, merk ich, weißt du zu verkünden,
Allein der Schale Wesen zu ergründen,
Sind Herolds Hofgeschäfte nicht;
Das fordert schärferes Gesicht.
Doch hüt ich mich vor jeder Fehde;   5610
An dich, Gebieter, wend ich Frag und Rede.
(Zu Plutus gewendet.)
Hast du mir nicht die Windesbraut
Des Viergespannes anvertraut?
Lenk ich nicht glücklich, wie du leitest?
Bin ich nicht da, wohin du deutest?   5615
Und wußt ich nicht auf kühnen Schwingen
Für dich die Palme zu erringen?
Wie oft ich auch für dich gefochten,
Mir ist es jederzeit geglückt:
Wenn Lorbeer deine Stirne schmückt,   5620
Hab ich ihn nicht mit Sinn und Hand geflochten?

PLUTUS. Wenn's nötig ist, daß ich dir Zeugnis leiste,
　So sag ich gern: Bist Geist von meinem Geiste.
　Du handelst stets nach meinem Sinn,
　Bist reicher, als ich selber bin.　　　　　　　5625
　Ich schätze, deinen Dienst zu lohnen,
　Den grünen Zweig vor allen meinen Kronen.
　Ein wahres Wort verkünd ich allen:
　Mein lieber Sohn, an dir hab ich Gefallen.

KNABE LENKER *(zur Menge).*
　Die größten Gaben meiner Hand,　　　　　　5630
　Seht! hab ich rings umher gesandt.
　Auf dem und jenem Kopfe glüht
　Ein Flämmchen, das ich angesprüht,
　Von einem zu dem andern hüpft's,
　An diesem hält sich's, dem entschlüpft's,　　5635
　Gar selten aber flammt's empor,
　Und leuchtet rasch in kurzem Flor;
　Doch vielen, eh man's noch erkannt,
　Verlischt es, traurig ausgebrannt.

WEIBERGEKLATSCH.
　　　Da droben auf dem Viergespann,　　　5640
　　　Das ist gewiß ein Scharlatan;
　　　Gekauzt da hintendrauf Hanswurst,
　　　Doch abgezehrt von Hunger und Durst,
　　　Wie man ihn niemals noch erblickt;
　　　Er fühlt wohl nicht, wenn man ihn zwickt.　5645

DER ABGEMAGERTE.
　Vom Leibe mir, ekles Weibsgeschlecht!
　Ich weiß, dir komm ich niemals recht. –
　Wie noch die Frau den Herd versah,
　Da hieß ich Avaritia;
　Da stand es gut um unser Haus:　　　　　　5650
　Nur viel herein und nichts hinaus!
　Ich eiferte für Kist und Schrein;
　Das sollte wohl gar ein Laster sein.
　Doch als in allerneusten Jahren
　Das Weib nicht mehr gewohnt zu sparen,　　5655
　Und, wie ein jeder böser Zahler,
　Weit mehr Begierden hat als Taler,
　Da bleibt dem Manne viel zu dulden,
　Wo er nur hinsieht, da sind Schulden.

Sie wendet's, kann sie was erspulen,   5660
An ihren Leib, an ihren Buhlen;
Auch speist sie besser, trinkt noch mehr
Mit der Sponsierer leidigem Heer;
Das steigert mir des Goldes Reiz:
Bin männlichen Geschlechts, der Geiz!   5665

HAUPTWEIB.

Mit Drachen mag der Drache geizen;
Ist's doch am Ende Lug und Trug!
Er kommt, die Männer aufzureizen,
Sie sind schon unbequem genug.

WEIBER IN MASSE.

Der Strohmann! Reich ihm eine Schlappe!   5670
Was will das Marterholz uns dräun?
Wir sollen seine Fratze scheun!
Die Drachen sind von Holz und Pappe,
Frisch an und dringt auf ihn hinein!

HEROLD. Bei meinem Stabe! Ruh gehalten! –   5675
Doch braucht es meiner Hülfe kaum;
Seht, wie die grimmen Ungestalten,
Bewegt im rasch gewonnenen Raum,
Das Doppel-Flügelpaar entfalten.
Entrüstet schütteln sich die Drachen   5680
Umschuppte, feuerspeiende Rachen;
Die Menge flieht, rein ist der Platz.
(Plutus steigt vom Wagen.)
Er tritt herab, wie königlich!
Er winkt, die Drachen rühren sich,
Die Kiste haben sie vom Wagen   5685
Mit Gold und Geiz herangetragen,
Sie steht zu seinen Füßen da:
Ein Wunder ist es, wie's geschah.

PLUTUS *(zum Lenker).*

Nun bist du los der allzulästigen Schwere,
Bist frei und frank, nun frisch zu deiner Sphäre!   5690
Hier ist sie nicht! Verworren, scheckig, wild
Umdrängt uns hier ein fratzenhaft Gebild.
Nur wo du klar ins holde Klare schaust,
Dir angehörst und dir allein vertraust,
Dorthin, wo Schönes, Gutes nur gefällt,   5695
Zur Einsamkeit! – da schaffe deine Welt.

KNABE LENKER.
　So acht ich mich als werten Abgesandten,
　So lieb ich dich als nächsten Anverwandten.
　Wo du verweilst, ist Fülle; wo ich bin,
　Fühlt jeder sich im herrlichsten Gewinn.　5700
　Auch schwankt er oft im widersinnigen Leben:
　Soll er sich dir? soll er sich mir ergeben?
　Die Deinen freilich können müßig ruhn,
　Doch wer mir folgt, hat immer was zu tun.
　Nicht insgeheim vollführ ich meine Taten,　5705
　Ich atme nur, und schon bin ich verraten.
　So lebe wohl! Du gönnst mir ja mein Glück;
　Doch lisple leis, und gleich bin ich zurück.
　(Ab, wie er kam.)
PLUTUS. Nun ist es Zeit, die Schätze zu entfesseln!
　Die Schlösser treff ich mit des Herolds Rute.　5710
　Es tut sich auf! schaut her! in ehrnen Kesseln
　Entwickelt sich's und wallt von goldnem Blute,
　Zunächst der Schmuck von Kronen, Ketten, Ringen;
　Es schwillt und droht, ihn schmelzend zu verschlingen.
WECHSELGESCHREI DER MENGE.
　　　　Seht hier, o hin! wie's reichlich quillt,　5715
　　　　Die Kiste bis zum Rande füllt. –
　　　　Gefäße, goldne, schmelzen sich,
　　　　Gemünzte Rollen wälzen sich. –
　　　　Dukaten hüpfen wie geprägt,
　　　　O wie mir das den Busen regt –　5720
　　　　Wie schau ich alle mein Begehr!
　　　　Da kollern sie am Boden her. –
　　　　Man bietet's euch, benutzt's nur gleich
　　　　Und bückt euch nur und werdet reich. –
　　　　Wir andern, rüstig wie der Blitz,　5725
　　　　Wir nehmen den Koffer in Besitz.
HEROLD. Was soll's, ihr Toren? soll mir das?
　Es ist ja nur ein Maskenspaß.
　Heut abend wird nicht mehr begehrt;
　Glaubt ihr, man geb euch Gold und Wert?　5730
　Sind doch für euch in diesem Spiel
　Selbst Rechenpfennige zu viel.
　Ihr Täppischen! ein artiger Schein
　Soll gleich die plumpe Wahrheit sein.

Was soll euch Wahrheit? – Dumpfen Wahn   5735
Packt ihr an allen Zipfeln an. –
Vermummter Plutus, Maskenheld,
Schlag dieses Volk mir aus dem Feld.

PLUTUS. Dein Stab ist wohl dazu bereit,
Verleih ihn mir auf kurze Zeit. –   5740
Ich tauch ihn rasch in Sud und Glut. –
Nun, Masken, seid auf eurer Hut!
Wie's blitzt und platzt, in Funken sprüht!
Der Stab, schon ist er angeglüht.
Wer sich zu nah herangedrängt,   5745
Ist unbarmherzig gleich versengt. –
Jetzt fang ich meinen Umgang an.

GESCHREI UND GEDRÄNG.
        O weh! Es ist um uns getan. –
        Entfliehe, wer entfliehen kann! –
        Zurück, zurück, du Hintermann! –   5750
        Mir sprüht es heiß ins Angesicht. –
        Mich drückt des glühenden Stabs Gewicht –
        Verloren sind wir all und all. –
        Zurück, zurück, du Maskenschwall!
        Zurück, zurück, unsinniger Hauf! –   5755
        O hätt ich Flügel, flög ich auf. –

PLUTUS. Schon ist der Kreis zurückgedrängt,
Und niemand, glaub ich, ist versengt.
Die Menge weicht,
Sie ist verscheucht. –   5760
Doch solcher Ordnung Unterpfand
Zieh ich ein unsichtbares Band.

HEROLD. Du hast ein herrlich Werk vollbracht,
Wie dank ich deiner klugen Macht!

PLUTUS. Noch braucht es, edler Freund, Geduld: 5765
Es droht noch mancherlei Tumult.

GEIZ. So kann man doch, wenn es beliebt,
Vergnüglich diesen Kreis beschauen;
Denn immerfort sind vornenan die Frauen,
Wo's was zu gaffen, was zu naschen gibt.   5770
Noch bin ich nicht so völlig eingerostet!
Ein schönes Weib ist immer schön;
Und heute, weil es mich nichts kostet,
So wollen wir getrost sponsieren gehn.

Doch weil am überfüllten Orte 5775
Nicht jedem Ohr vernehmlich alle Worte,
Versuch ich klug und hoff, es soll mir glücken,
Mich pantomimisch deutlich auszudrücken.
Hand, Fuß, Gebärde reicht mir da nicht hin,
Da muß ich mich um einen Schwank bemühn. 5780
Wie feuchten Ton will ich das Gold behandeln,
Denn dies Metall läßt sich in alles wandeln.

HEROLD. Was fängt der an, der magre Tor!
Hat so ein Hungermann Humor?
Er knetet alles Gold zu Teig, 5785
Ihm wird es untern Händen weich;
Wie er es drückt und wie es ballt,
Bleibt's immer doch nur ungestalt.
Er wendet sich zu den Weibern dort,
Sie schreien alle, möchten fort, 5790
Gebärden sich gar widerwärtig;
Der Schalk erweist sich übelfertig.
Ich fürchte, daß er sich ergetzt,
Wenn er die Sittlichkeit verletzt.
Dazu darf ich nicht schweigsam bleiben, 5795
Gib meinen Stab, ihn zu vertreiben.

PLUTUS. Er ahnet nicht, was uns von außen droht;
Laß ihn die Narrenteidung treiben!
Ihm wird kein Raum für seine Possen bleiben;
Gesetz ist mächtig, mächtiger ist die Not. 5800

GETÜMMEL UND GESANG.
Das wilde Heer, es kommt zumal
Von Bergeshöh und Waldestal,
Unwiderstehlich schreitet's an:
Sie feiern ihren großen Pan.
Sie wissen doch, was keiner weiß, 5805
Und drängen in den leeren Kreis.

PLUTUS. Ich kenn euch wohl und euren großen Pan!
Zusammen habt ihr kühnen Schritt getan.
Ich weiß recht gut, was nicht ein jeder weiß,
Und öffne schuldig diesen engen Kreis. 5810
Mag sie ein gut Geschick begleiten!
Das Wunderlichste kann geschehn;
Sie wissen nicht, wohin sie schreiten,
Sie haben sich nicht vorgesehn.

WILDGESANG. Geputztes Volk du, Flitterschau!   5815
      Sie kommen roh, sie kommen rauh,
      In hohem Sprung, in raschem Lauf,
      Sie treten derb und tüchtig auf.

FAUNEN. Die Faunenschar
  Im lustigen Tanz,   5820
  Den Eichenkranz
  Im krausen Haar,
  Ein feines zugespitztes Ohr
  Dringt an dem Lockenkopf hervor,
  Ein stumpfes Näschen, ein breit Gesicht,   5825
  Das schadet alles bei Frauen nicht:
  Dem Faun, wenn er die Patsche reicht,
  Versagt die Schönste den Tanz nicht leicht.

SATYR. Der Satyr hüpft nun hinterdrein
  Mit Ziegenfuß und dürrem Bein,   5830
  Ihm sollen sie mager und sehnig sein,
  Und gemsenartig auf Bergeshöhn
  Belustigt er sich, umher zu sehn.
  In Freiheitsluft erquickt alsdann,
  Verhöhnt er Kind und Weib und Mann,   5835
  Die tief in Tales Dampf und Rauch
  Behaglich meinen, sie lebten auch,
  Da ihm doch rein und ungestört
  Die Welt dort oben allein gehört.

GNOMEN. Da trippelt ein die kleine Schar,   5840
  Sie hält nicht gern sich Paar und Paar;
  Im moosigen Kleid mit Lämplein hell
  Bewegt sich's durcheinander schnell,
  Wo jedes für sich selber schafft,
  Wie Leucht-Ameisen wimmelhaft;   5845
  Und wuselt emsig hin und her,
  Beschäftigt in die Kreuz und Quer.

  Den frommen Gütchen nah verwandt,
  Als Fels-Chirurgen wohlbekannt:
  Die hohen Berge schröpfen wir,   5850
  Aus vollen Adern schöpfen wir;
  Metalle stürzen wir zu Hauf,
  Mit Gruß getrost: Glück auf! Glück auf!
  Das ist von Grund aus wohlgemeint:

Wir sind der guten Menschen Freund. 5855
Doch bringen wir das Gold zu Tag,
Damit man stehlen und kuppeln mag,
Nicht Eisen fehle dem stolzen Mann,
Der allgemeinen Mord ersann.
Und wer die drei Gebot' veracht't, 5860
Sich auch nichts aus den andern macht.
Das alles ist nicht unsre Schuld,
Drum habt so fort, wie wir, Geduld.

RIESEN. Die wilden Männer sind s' genannt,
Am Harzgebirge wohlbekannt; 5865
Natürlich nackt in aller Kraft,
Sie kommen sämtlich riesenhaft.
Den Fichtenstamm in rechter Hand
Und um den Leib ein wulstig Band,
Den derbsten Schurz von Zweig und Blatt, 5870
Leibwache, wie der Papst nicht hat.

NYMPHEN IM CHOR *(sie umschließen den großen Pan).*
Auch kommt er an! –
Das All der Welt
Wird vorgestellt
Im großen Pan. 5875
Ihr Heitersten, umgebet ihn,
Im Gaukeltanz umschwebet ihn;
Denn weil er ernst und gut dabei,
So will er, daß man fröhlich sei.
Auch unterm blauen Wölbedach 5880
Verhielt er sich beständig wach,
Doch rieseln ihm die Bäche zu,
Und Lüftlein wiegen ihn mild in Ruh.
Und wenn er zu Mittage schläft,
Sich nicht das Blatt am Zweige regt; 5885
Gesunder Pflanzen Balsamduft
Erfüllt die schweigsam stille Luft;
Die Nymphe darf nicht munter sein,
Und wo sie stand, da schläft sie ein.
Wenn unerwartet mit Gewalt 5890
Dann aber seine Stimm erschallt,
Wie Blitzes Knattern, Meergebraus,
Dann niemand weiß, wo ein noch aus,
Zerstreut sich tapfres Heer im Feld,

Und im Getümmel bebt der Held.   5895
So Ehre dem, dem Ehre gebührt,
Und Heil ihm, der uns hergeführt!

DEPUTATION DER GNOMEN *(an den großen Pan).*

Wenn das glänzend reiche Gute
Fadenweis durch Klüfte streicht,
Nur der klugen Wünschelrute   5900
Seine Labyrinthe zeigt,

Wölben wir in dunklen Grüften
Troglodytisch unser Haus,
Und an reinen Tageslüften
Teilst du Schätze gnädig aus.   5905

Nun entdecken wir hieneben
Eine Quelle wunderbar,
Die bequem verspricht zu geben,
Was kaum zu erreichen war.

Dies vermagst du zu vollenden,   5910
Nimm es, Herr, in deine Hut:
Jeder Schatz in deinen Händen
Kommt der ganzen Welt zugut.

PLUTUS *(zum Herold).* Wir müssen uns im hohen Sinne fassen
Und, was geschieht, getrost geschehen lassen,   5915
Du bist ja sonst des stärksten Mutes voll.
Nun wird sich gleich ein Greulichstes eräugnen,
Hartnäckig wird es Welt und Nachwelt leugnen:
Du schreib es treulich in dein Protokoll.

HEROLD *(den Stab anfassend, welchen Plutus in der Hand behält).*
Die Zwerge führen den großen Pan   5920
Zur Feuerquelle sacht heran;
Sie siedet auf vom tiefsten Schlund,
Dann sinkt sie wieder hinab zum Grund,
Und finster steht der offne Mund;
Wallt wieder auf in Glut und Sud,   5925
Der große Pan steht wohlgemut,
Freut sich des wundersamen Dings,
Und Perlenschaum sprüht rechts und links.
Wie mag er solchem Wesen traun?
Er bückt sich tief, hinein zu schaun. –   5930
Nun aber fällt sein Bart hinein! –

Wer mag das glatte Kinn wohl sein?
Die Hand verbirgt es unserm Blick. –
Nun folgt ein großes Ungeschick:
Der Bart entflammt und fliegt zurück,   5935
Entzündet Kranz und Haupt und Brust,
Zu Leiden wandelt sich die Lust. –
Zu löschen läuft die Schar herbei,
Doch keiner bleibt von Flammen frei,
Und wie es patscht und wie es schlägt,   5940
Wird neues Flammen aufgeregt;
Verflochten in das Element,
Ein ganzer Maskenklump verbrennt.

Was aber, hör ich, wird uns kund
Von Ohr zu Ohr, von Mund zu Mund!   5945
O ewig unglücksel'ge Nacht,
Was hast du uns für Leid gebracht!
Verkünden wird der nächste Tag,
Was niemand willig hören mag;
Doch hör ich allerorten schrein: 5950
»Der *Kaiser* leidet solche Pein.«
O wäre doch ein andres wahr!
Der Kaiser brennt und seine Schar.
Sie sei verflucht, die ihn verführt,
In harzig Reis sich eingeschnürt,   5955
Zu toben her mit Brüllgesang
Zu allerseitigem Untergang.
O Jugend, Jugend, wirst du nie
Der Freude reines Maß bezirken?
O Hoheit, Hoheit, wirst du nie   5960
Vernünftig wie allmächtig wirken?

Schon geht der Wald in Flammen auf,
Sie züngeln leckend spitz hinauf
Zum holzverschränkten Deckenband –
Uns droht ein allgemeiner Brand.   5965
Des Jammers Maß ist übervoll,
Ich weiß nicht, wer uns retten soll.
Ein Aschenhaufen einer Nacht
Liegt morgen reiche Kaiserpracht.
PLUTUS. Schrecken ist genug verbreitet,   5970
Hülfe sei nun eingeleitet! –

Schlage, heil'gen Stabs Gewalt,
Daß der Boden bebt und schallt!
Du, geräumig weite Luft,
Fülle dich mit kühlem Duft!   5975
Zieht heran, umher zu schweifen,
Nebeldünste, schwangre Streifen,
Deckt ein flammendes Gewühl!
Rieselt, säuselt, Wölkchen kräuselt,
Schlüpfet wallend, leise dämpfet,   5980
Löschend überall bekämpfet,
Ihr, die lindernden, die feuchten,
Wandelt in ein Wetterleuchten
Solcher eitlen Flamme Spiel! –
Drohen Geister uns zu schädigen,   5985
Soll sich die Magie betätigen.

Lustgarten

Morgensonne.

DER KAISER, HOFLEUTE. FAUST, MEPHISTOPHELES, *anständig,*
nicht auffallend, nach Sitte gekleidet; beide knieen.

FAUST. Verzeihst du, Herr, das Flammengaukelspiel?
KAISER *(zum Aufstehn winkend).*
  Ich wünsche mir dergleichen Scherze viel. –
  Auf einmal sah ich mich in glühnder Sphäre,
  Es schien mir fast, als ob ich Pluto wäre.   5990
  Aus Nacht und Kohlen lag ein Felsengrund,
  Von Flämmchen glühend. Dem und jenem Schlund
  Aufwirbelten viel tausend wilde Flammen
  Und flackerten in *ein* Gewölb zusammen.
  Zum höchsten Dome züngelt' es empor,   5995
  Der immer ward und immer sich verlor.
  Durch fernen Raum gewundner Feuersäulen
  Sah ich bewegt der Völker lange Zeilen,
  Sie drängten sich im weiten Kreis heran,
  Und huldigten, wie sie es stets getan.   6000
  Von meinem Hof erkannt ich ein und andern,
  Ich schien ein Fürst von tausend Salamandern.
MEPHISTOPHELES. Das bist du, Herr! weil jedes Element
  Die Majestät als unbedingt erkennt.

Gehorsam Feuer hast du nun erprobt;   6005
Wirf dich ins Meer, wo es am wildsten tobt,
Und kaum betrittst du perlenreichen Grund,
So bildet wallend sich ein herrlich Rund;
Siehst auf und ab lichtgrüne schwanke Wellen,
Mit Purpursaum, zur schönsten Wohnung schwellen   6010
Um dich, den Mittelpunkt. Bei jedem Schritt,
Wohin du gehst, gehn die Paläste mit.
Die Wände selbst erfreuen sich des Lebens,
Pfeilschnellen Wimmlens, Hin- und Widerstrebens.
Meerwunder drängen sich zum neuen milden Schein,   6015
Sie schießen an, und keines darf herein.
Da spielen farbig goldbeschuppte Drachen,
Der Haifisch klafft, du lachst ihm in den Rachen.
Wie sich auch jetzt der Hof um dich entzückt,
Hast du doch nie ein solch Gedräng erblickt.   6020
Doch bleibst du nicht vom Lieblichsten geschieden:
Es nahen sich neugierige Nereiden
Der prächt'gen Wohnung in der ew'gen Frische,
Die jüngsten scheu und lüstern wie die Fische,
Die spätern klug. Schon wird es Thetis kund,   6025
Dem zweiten Peleus reicht sie Hand und Mund. –
Den Sitz alsdann auf des Olymps Revier . . .
KAISER. Die luft'gen Räume, die erlaß ich dir:
      Noch früh genug besteigt man jenen Thron.
MEPHISTOPHELES.
      Und, höchster Herr! die Erde hast du schon.   6030
KAISER.
      Welch gut Geschick hat dich hieher gebracht,
      Unmittelbar aus Tausendeiner Nacht!
      Gleichst du an Fruchtbarkeit Scheherazaden,
      Versichr' ich dich der höchsten aller Gnaden.
      Sei stets bereit, wenn eure Tageswelt,   6035
      Wie's oft geschieht, mir widerlichst mißfällt.
MARSCHALK *(tritt eilig auf).*
      Durchlauchtigster, ich dacht in meinem Leben
      Vom schönsten Glück Verkündung nicht zu geben
      Als diese, die mich hoch beglückt,
      In deiner Gegenwart entzückt: 6040
      Rechnung für Rechnung ist berichtigt,
      Die Wucherklauen sind beschwichtigt,

Los bin ich solcher Höllenpein;
Im Himmel kann's nicht heitrer sein.
HEERMEISTER *(folgt eilig).*
　Abschläglich ist der Sold entrichtet, 6045
　Das ganze Heer aufs neu verpflichtet,
　Der Lanzknecht fühlt sich frisches Blut,
　Und Wirt und Dirnen haben's gut.
KAISER. Wie atmet eure Brust erweitert!
　Das faltige Gesicht erheitert! 6050
　Wie eilig tretet ihr heran!
SCHATZMEISTER *(der sich einfindet).*
　Befrage diese, die das Werk getan.
FAUST. Dem Kanzler ziemt's, die Sache vorzutragen.
KANZLER *(der langsam herankommt).*
　Beglückt genug in meinen alten Tagen. –
　So hört und schaut das schicksalschwere Blatt, 6055
　Das alles Weh in Wohl verwandelt hat.
　(Er liest.)
　»Zu wissen sei es jedem, der's begehrt:
　Der Zettel hier ist tausend Kronen wert.
　Ihm liegt gesichert, als gewisses Pfand,
　Unzahl vergrabnen Guts im Kaiserland. 6060
　Nun ist gesorgt, damit der reiche Schatz,
　Sogleich gehoben, diene zum Ersatz.«
KAISER. Ich ahne Frevel, ungeheuren Trug!
　Wer fälschte hier des Kaisers Namenszug?
　Ist solch Verbrechen ungestraft geblieben? 6065
SCHATZMEISTER.
　Erinnre dich! hast selbst es unterschrieben;
　Erst heute nacht. Du standst als großer Pan,
　Der Kanzler sprach mit uns zu dir heran:
　»Gewähre dir das hohe Festvergnügen,
　Des Volkes Heil, mit wenig Federzügen.« 6070
　Du zogst sie rein, dann ward's in dieser Nacht
　Durch Tausendkünstler schnell vertausendfacht.
　Damit die Wohltat allen gleich gedeihe,
　So stempelten wir gleich die ganze Reihe,
　Zehn, Dreißig, Funfzig, Hundert sind parat. 6075
　Ihr denkt euch nicht, wie wohl's dem Volke tat.
　Seht eure Stadt, sonst halb im Tod verschimmelt,
　Wie alles lebt und lustgenießend wimmelt!

Obschon dein Name längst die Welt beglückt,
Man hat ihn nie so freundlich angeblickt.   6080
Das Alphabet ist nun erst überzählig,
In diesem Zeichen wird nun jeder selig.
KAISER. Und meinen Leuten gilt's für gutes Gold?
Dem Heer, dem Hofe gnügt's zu vollem Sold?
So sehr mich's wundert, muß ich's gelten lassen.   6085
MARSCHALK.
Unmöglich wär's, die Flüchtigen einzufassen;
Mit Blitzeswink zerstreute sich's im Lauf.
Die Wechslerbänke stehen sperrig auf:
Man honoriert daselbst ein jedes Blatt
Durch Gold und Silber, freilich mit Rabatt.   6090
Nun geht's von da zum Fleischer, Bäcker, Schenken;
Die halbe Welt scheint nur an Schmaus zu denken,
Wenn sich die andre neu in Kleidern bläht.
Der Krämer schneidet aus, der Schneider näht.
Bei »Hoch dem Kaiser!« sprudelt's in den Kellern,   6095
Dort kocht's und brät's und klappert mit den Tellern.
MEPHISTOPHELES. Wer die Terrassen einsam abspaziert,
Gewahrt die Schönste, herrlich aufgeziert,
Ein Aug verdeckt vom stolzen Pfauenwedel,
Sie schmunzelt uns und blickt nach solcher Schedel;   6100
Und hurt'ger als durch Witz und Redekunst
Vermittelt sich die reichste Liebesgunst.
Man wird sich nicht mit Börs und Beutel plagen,
Ein Blättchen ist im Busen leicht zu tragen,
Mit Liebesbrieflein paart's bequem sich hier.   6105
Der Priester trägt's andächtig im Brevier,
Und der Soldat, um rascher sich zu wenden,
Erleichtert schnell den Gürtel seiner Lenden.
Die Majestät verzeihe, wenn ins Kleine
Das hohe Werk ich zu erniedern scheine.   6110
FAUST. Das Übermaß der Schätze, das, erstarrt,
In deinen Landen tief im Boden harrt,
Liegt ungenutzt. Der weiteste Gedanke
Ist solchen Reichtums kümmerlichste Schranke;
Die Phantasie, in ihrem höchsten Flug,   6115
Sie strengt sich an und tut sich nie genug.
Doch fassen Geister, würdig, tief zu schauen,
Zum Grenzenlosen grenzenlos Vertrauen.

MEPHISTOPHELES.
  Ein solch Papier, an Gold und Perlen Statt,
  Ist so bequem, man weiß doch, was man hat;   6120
  Man braucht nicht erst zu markten noch zu tauschen,
  Kann sich nach Lust in Lieb und Wein berauschen.
  Will man Metall, ein Wechsler ist bereit,
  Und fehlt es da, so gräbt man eine Zeit.
  Pokal und Kette wird verauktioniert,   6125
  Und das Papier, sogleich amortisiert,
  Beschämt den Zweifler, der uns frech verhöhnt.
  Man will nichts anders, ist daran gewöhnt.
  So bleibt von nun an allen Kaiserlanden
  An Kleinod, Gold, Papier genug vorhanden.   6130
KAISER. Das hohe Wohl verdankt euch unser Reich,
  Wo möglich sei der Lohn dem Dienste gleich.
  Vertraut sei euch des Reiches innrer Boden,
  Ihr seid der Schätze würdigste Kustoden.
  Ihr kennt den weiten, wohlverwahrten Hort,   6135
  Und wenn man gräbt, so sei's auf euer Wort.
  Vereint euch nun, ihr Meister unsres Schatzes,
  Erfüllt mit Lust die Würden eures Platzes,
  Wo mit der obern sich die Unterwelt,
  In Einigkeit beglückt, zusammenstellt.   6140
SCHATZMEISTER.
  Soll zwischen uns kein fernster Zwist sich regen,
  Ich liebe mir den Zaubrer zum Kollegen. *(Ab mit Faust.)*
KAISER. Beschenk ich nun bei Hofe Mann für Mann,
  Gesteh er mir, wozu er's brauchen kann.
PAGE *(empfangend)*. Ich lebe lustig, heiter, guter Dinge.   6145
EIN ANDRER *(gleichfalls)*.
  Ich schaffe gleich dem Liebchen Kett und Ringe.
KÄMMERER *(annehmend)*.
  Von nun an trink ich doppelt beßre Flasche.
EIN ANDRER *(gleichfalls)*.
  Die Würfel jucken mich schon in der Tasche.
BANNERHERR *(mit Bedacht)*.
  Mein Schloß und Feld, ich mach es schuldenfrei.
EIN ANDRER *(gleichfalls)*.
  Es ist ein Schatz, den leg ich Schätzen bei.   6150
KAISER. Ich hoffte Lust und Mut zu neuen Taten;
  Doch wer euch kennt, der wird euch leicht erraten.

Ich merk es wohl, bei aller Schätze Flor,
Wie ihr gewesen, bleibt ihr nach wie vor.
NARR *(herbeikommend)*.
  Ihr spendet Gnaden, gönnt auch mir davon!   6155
KAISER. Und lebst du wieder, du vertrinkst sie schon.
NARR. Die Zauberblätter! ich versteh's nicht recht.
KAISER. Das glaub ich wohl, denn du gebrauchst sie schlecht.
NARR. Da fallen andere; weiß nicht, was ich tu.
KAISER. Nimm sie nur hin, sie fielen dir ja zu. *(Ab.)*   6160
NARR. Fünftausend Kronen wären mir zu Handen!
MEPHISTOPHELES.
  Zweibeiniger Schlauch, bist wieder auferstanden?
NARR. Geschieht mir oft, doch nicht so gut als jetzt.
MEPHISTOPHELES.
  Du freust dich so, daß dich's in Schweiß versetzt.
NARR. Da seht nur her, ist das wohl Geldes wert?   6165
MEPHISTOPHELES.
  Du hast dafür, was Schlund und Bauch begehrt.
NARR. Und kaufen kann ich Acker, Haus und Vieh?
MEPHISTOPHELES.
  Versteht sich! Biete nur, das fehlt dir nie.
NARR.
  Und Schloß, mit Wald und Jagd und Fischbach?
MEPHISTOPHELES.   Traun!
  Ich möchte dich gestrengen Herrn wohl schaun!   6170
NARR. Heut abend wieg ich mich im Grundbesitz! – *(Ab.)*
MEPHISTOPHELES *(solus)*.
  Wer zweifelt noch an unsres Narren Witz!

Finstere Galerie

FAUST. MEPHISTOPHELES.

MEPHISTOPHELES.
  Was ziehst du mich in diese düstern Gänge?
  Ist nicht da drinnen Lust genug,
  Im dichten bunten Hofgedränge   6175
  Gelegenheit zu Spaß und Trug?
FAUST. Sag mir das nicht, du hast's in alten Tagen
  Längst an den Sohlen abgetragen;
  Doch jetzt dein Hin- und Widergehn

Ist nur, um mir nicht Wort zu stehn.   6180
Ich aber bin gequält zu tun:
Der Marschalk und der Kämmrer treibt mich nun.
Der Kaiser will, es muß sogleich geschehn,
Will Helena und Paris vor sich sehn;
Das Musterbild der Männer so der Frauen   6185
In deutlichen Gestalten will er schauen.
Geschwind ans Werk! ich darf mein Wort nicht brechen.

MEPHISTOPHELES.
Unsinnig war's, leichtsinnig zu versprechen.

FAUST. Du hast, Geselle, nicht bedacht,
Wohin uns deine Künste führen;   6190
Erst haben wir ihn reich gemacht,
Nun sollen wir ihn amüsieren.

MEPHISTOPHELES. Du wähnst, es füge sich sogleich;
Hier stehen wir vor steilern Stufen,
Greifst in ein fremdestes Bereich,   6195
Machst frevelhaft am Ende neue Schulden,
Denkst Helenen so leicht hervorzurufen
Wie das Papiergespenst der Gulden. –
Mit Hexen-Fexen, mit Gespenst-Gespinsten,
Kielkröpfigen Zwergen steh ich gleich zu Diensten;   6200
Doch Teufelsliebchen, wenn auch nicht zu schelten,
Sie können nicht für Heroinen gelten.

FAUST. Da haben wir den alten Leierton!
Bei dir gerät man stets ins Ungewisse.
Der Vater bist du aller Hindernisse,   6205
Für jedes Mittel willst du neuen Lohn.
Mit wenig Murmeln, weiß ich, ist's getan,
Wie man sich umschaut, bringst du sie zur Stelle.

MEPHISTOPHELES.
Das Heidenvolk geht mich nichts an,
Es haust in seiner eignen Hölle;   6210
Doch gibt's ein Mittel.

FAUST.   Sprich, und ohne Säumnis!

MEPHISTOPHELES.
Ungern entdeck ich höheres Geheimnis. –
Göttinnen thronen hehr in Einsamkeit,
Um sie kein Ort, noch weniger eine Zeit;
Von ihnen sprechen ist Verlegenheit.   6215
Die *Mütter* sind es!

FAUST *(aufgeschreckt).* Mütter!
MEPHISTOPHELES.   Schaudert's dich?
FAUST. Die Mütter! Mütter! – 's klingt so wunderlich!
MEPHISTOPHELES.

  Das ist es auch. Göttinnen, ungekannt
  Euch Sterblichen, von uns nicht gern genannt.
  Nach ihrer Wohnung magst ins Tiefste schürfen;   6220
  Du selbst bist schuld, daß ihrer wir bedürfen.
FAUST. Wohin der Weg?
MEPHISTOPHELES.   Kein Weg! Ins Unbetretene,
  Nicht zu Betretende; ein Weg ans Unerbetene,
  Nicht zu Erbittende. Bist du bereit? –
  Nicht Schlösser sind, nicht Riegel wegzuschieben,   6225
  Von Einsamkeiten wirst umhergetrieben.
  Hast du Begriff von Öd und Einsamkeit?
FAUST. Du spartest, dächt ich, solche Sprüche,
  Hier wittert's nach der Hexenküche,
  Nach einer längst vergangnen Zeit.   6230
  Mußt ich nicht mit der Welt verkehren?
  Das Leere lernen, Leeres lehren? –
  Sprach ich vernünftig, wie ich's angeschaut,
  Erklang der Widerspruch gedoppelt laut;
  Mußt ich sogar vor widerwärtigen Streichen   6235
  Zur Einsamkeit, zur Wildernis entweichen,
  Und, um nicht ganz versäumt, allein zu leben,
  Mich doch zuletzt dem Teufel übergeben.
MEPHISTOPHELES.

  Und hättest du den Ozean durchschwommen,
  Das Grenzenlose dort geschaut,   6240
  So sähst du dort doch Well auf Welle kommen,
  Selbst wenn es dir vorm Untergange graut.
  Du sähst doch etwas. Sähst wohl in der Grüne
  Gestillter Meere streichende Delphine;
  Sähst Wolken ziehen, Sonne, Mond und Sterne;   6245
  Nichts wirst du sehn in ewig leerer Ferne,
  Den Schritt nicht hören, den du tust,
  Nichts Festes finden, wo du ruhst.
FAUST. Du sprichst als erster aller Mystagogen,
  Die treue Neophyten je betrogen;   6250
  Nur umgekehrt. Du sendest mich ins Leere,
  Damit ich dort so Kunst als Kraft vermehre;

Behandelst mich, daß ich, wie jene Katze,
Dir die Kastanien aus den Gluten kratze.
Nur immer zu! wir wollen es ergründen,　　　　　　　6255
In deinem Nichts hoff ich das All zu finden.
MEPHISTOPHELES.
Ich rühme dich, eh du dich von mir trennst,
Und sehe wohl, daß du den Teufel kennst;
Hier diesen Schlüssel nimm.
FAUST.　　　　　　　　　　　Das kleine Ding!
MEPHISTOPHELES.
Erst faß ihn an und schätz ihn nicht gering.　　　　　6260
FAUST. Er wächst in meiner Hand! er leuchtet, blitzt!
MEPHISTOPHELES.
Merkst du nun bald, was man an ihm besitzt?
Der Schlüssel wird die rechte Stelle wittern,
Folg ihm hinab, er führt dich zu den Müttern.
FAUST (schaudernd).
Den Müttern! Trifft's mich immer wie ein Schlag!　　6265
Was ist das Wort, das ich nicht hören mag?
MEPHISTOPHELES.
Bist du beschränkt, daß neues Wort dich stört?
Willst du nur hören, was du schon gehört?
Dich störe nichts, wie es auch weiter klinge,
Schon längst gewohnt der wunderbarsten Dinge.　　　6270
FAUST. Doch im Erstarren such ich nicht mein Heil,
Das Schaudern ist der Menschheit bestes Teil;
Wie auch die Welt ihm das Gefühl verteure,
Ergriffen, fühlt er tief das Ungeheure.
MEPHISTOPHELES.
Versinke denn! Ich könnt auch sagen: steige!　　　　6275
's ist einerlei. Entfliehe dem Entstandnen
In der Gebilde losgebundne Reiche!
Ergetze dich am längst nicht mehr Vorhandnen;
Wie Wolkenzüge schlingt sich das Getreibe,
Den Schlüssel schwinge, halte sie vom Leibe!　　　　6280
FAUST (begeistert).
Wohl! fest ihn fassend fühl ich neue Stärke,
Die Brust erweitert, hin zum großen Werke.
MEPHISTOPHELES.
Ein glühnder Dreifuß tut dir endlich kund,
Du seist im tiefsten, allertiefsten Grund.

Bei seinem Schein wirst du die Mütter sehn,   6285
Die einen sitzen, andre stehn und gehn,
Wie's eben kommt. Gestaltung, Umgestaltung,
Des ewigen Sinnes ewige Unterhaltung,
Umschwebt von Bildern aller Kreatur.
Sie sehn dich nicht, denn Schemen sehn sie nur.   6290
Da faß ein Herz, denn die Gefahr ist groß,
Und gehe grad auf jenen Dreifuß los,
Berühr ihn mit dem Schlüssel!
(Faust macht eine entschieden gebietende Attitüde mit dem
Schlüssel.)

MEPHISTOPHELES *(ihn betrachtend).*
                          So ist's recht!
Er schließt sich an, er folgt als treuer Knecht;
Gelassen steigst du, dich erhebt das Glück,   6295
Und eh sie's merken, bist mit ihm zurück.
Und hast du ihn einmal hierher gebracht,
So rufst du Held und Heldin aus der Nacht,
Der erste, der sich jener Tat erdreistet;
Sie ist getan, und du hast es geleistet.   6300
Dann muß fortan, nach magischem Behandeln,
Der Weihrauchsnebel sich in Götter wandeln.

FAUST. Und nun, was jetzt?

MEPHISTOPHELES.   Dein Wesen strebe nieder;
Versinke stampfend, stampfend steigst du wieder.
(Faust stampft und versinkt.)
Wenn ihm der Schlüssel nur zum besten frommt!   6305
Neugierig bin ich, ob er wiederkommt.

Hell erleuchtete Säle

KAISER *und* FÜRSTEN, HOF *in Bewegung.*

KÄMMERER *(zu Mephistopheles).*
Ihr seid uns noch die Geisterszene schuldig;
Macht Euch daran! der Herr ist ungeduldig.

MARSCHALK. Soeben fragt der Gnädigste darnach;
Ihr! zaudert nicht der Majestät zur Schmach.   6310

MEPHISTOPHELES.
Ist mein Kumpan doch deshalb weggegangen;
Er weiß schon, wie es anzufangen,

Und laboriert verschlossen still,
Muß ganz besonders sich befleißen;
Denn wer den Schatz, das Schöne, heben will,   6315
Bedarf der höchsten Kunst, Magie der Weisen.
MARSCHALK. Was ihr für Künste braucht, ist einerlei:
Der Kaiser will, daß alles fertig sei.
BLONDINE *(zu Mephistopheles)*.
Ein Wort, mein Herr! Ihr seht ein klar Gesicht,
Jedoch ist's im leidigen Sommer nicht!   6320
Da sprossen hundert bräunlich rote Flecken,
Die zum Verdruß die weiße Haut bedecken.
Ein Mittel!
MEPHISTOPHELES.
            Schade! so ein leuchtend Schätzchen,
Im Mai getupft wie eure Pantherkätzchen.
Nehmt Froschlaich, Krötenzungen, kohobiert,   6325
Im vollsten Mondlicht sorglich distilliert,
Und, wenn er abnimmt, reinlich aufgestrichen,
Der Frühling kommt, die Tupfen sind entwichen.
BRAUNE. Die Menge drängt heran, Euch zu umschranzen.
Ich bitt um Mittel! Ein erfrorner Fuß   6330
Verhindert mich am Wandeln wie am Tanzen,
Selbst ungeschickt beweg ich mich zum Gruß.
MEPHISTOPHELES. Erlaubet einen Tritt von meinem Fuß.
BRAUNE. Nun, das geschieht wohl unter Liebesleuten.
MEPHISTOPHELES.
Mein Fußtritt, Kind! hat Größres zu bedeuten.   6335
Zu Gleichem Gleiches, was auch einer litt!
Fuß heilet Fuß, so ist's mit allen Gliedern.
Heran! Gebt acht! Ihr sollt es nicht erwidern.
BRAUNE *(schreiend)*.
Weh! Weh! das brennt! das war ein harter Tritt,
Wie Pferdehuf.
MEPHISTOPHELES.   Die Heilung nehmt Ihr mit.   6340
Du kannst nunmehr den Tanz nach Lust verüben,
Bei Tafel schwelgend füßle mit dem Lieben.
DAME *(herandringend)*.
Laßt mich hindurch! zu groß sind meine Schmerzen,
Sie wühlen siedend mir im tiefsten Herzen;
Bis gestern sucht' Er Heil in meinen Blicken,   6345
Er schwatzt mit ihr und wendet mir den Rücken.

MEPHISTOPHELES. Bedenklich ist es, aber höre mich.
  An ihn heran mußt du dich leise drücken;
  Nimm diese Kohle, streich ihm einen Strich
  Auf Ärmel, Mantel, Schulter, wie sich's macht;   6350
  Er fühlt im Herzen holden Reuestich.
  Die Kohle doch mußt du sogleich verschlingen,
  Nicht Wein, nicht Wasser an die Lippen bringen;
  Er seufzt vor deiner Tür noch heute nacht.
DAME. Ist doch kein Gift?
MEPHISTOPHELES *(entrüstet)*.
                    Respekt, wo sich's gebührt!   6355
  Weit müßtet Ihr nach solcher Kohle laufen;
  Sie kommt von einem Scheiterhaufen,
  Den wir sonst emsiger angeschürt.
PAGE. Ich bin verliebt, man hält mich nicht für voll.
MEPHISTOPHELES *(beiseite)*.
  Ich weiß nicht mehr, wohin ich hören soll.   6360
  (Zum Pagen.)
  Müßt Euer Glück nicht auf die Jüngste setzen.
  Die Angejahrten wissen Euch zu schätzen. –
  (Andere drängen sich herzu.)
  Schon wieder Neue! Welch ein harter Strauß!
  Ich helfe mir zuletzt mit Wahrheit aus;
  Der schlechteste Behelf! Die Not ist groß. –   6365
  O Mütter, Mütter! Laßt nur Fausten los!
  (Umherschauend.)
  Die Lichter brennen trübe schon im Saal,
  Der ganze Hof bewegt sich auf einmal.
  Anständig seh ich sie in Folge ziehn,
  Durch lange Gänge, ferne Galerien.   6370
  Nun! sie versammeln sich im weiten Raum
  Des alten Rittersaals, er faßt sie kaum.
  Auf breite Wände Teppiche spendiert,
  Mit Rüstung Eck' und Nischen ausgeziert.
  Hier braucht es, dächt ich, keine Zauberworte;   6375
  Die Geister finden sich von selbst zum Orte.

Rittersaal

Dämmernde Beleuchtung.

KAISER *und* HOF *sind eingezogen.*

HEROLD. Mein alt Geschäft, das Schauspiel anzukünden,
    Verkümmert mir der Geister heimlich Walten;
    Vergebens wagt man, aus verständigen Gründen
    Sich zu erklären das verworrene Schalten.   6380
    Die Sessel sind, die Stühle schon zur Hand;
    Den Kaiser setzt man grade vor die Wand;
    Auf den Tapeten mag er da die Schlachten
    Der großen Zeit bequemlichstens betrachten.
    Hier sitzt nun alles, Herr und Hof im Runde,   6385
    Die Bänke drängen sich im Hintergrunde;
    Auch Liebchen hat, in düstern Geisterstunden,
    Zur Seite Liebchens lieblich Raum gefunden.
    Und so, da alle schicklich Platz genommen,
    Sind wir bereit; die Geister mögen kommen!   6390
    (Posaunen.)
ASTROLOG. Beginne gleich das Drama seinen Lauf,
    Der Herr befiehlt's, ihr Wände, tut euch auf!
    Nichts hindert mehr, hier ist Magie zur Hand,
    Die Tepp'che schwinden, wie gerollt vom Brand;
    Die Mauer spaltet sich, sie kehrt sich um,   6395
    Ein tief Theater scheint sich aufzustellen,
    Geheimnisvoll ein Schein uns zu erhellen,
    Und ich besteige das Proszenium.
MEPHISTOPHELES *(aus dem Souffleurloche auftauchend).*
    Von hier aus hoff ich allgemeine Gunst,
    Einbläsereien sind des Teufels Redekunst.   6400
    (Zum Astrologen.)
    Du kennst den Takt, in dem die Sterne gehn,
    Und wirst mein Flüstern meisterlich verstehn.
ASTROLOG.
    Durch Wunderkraft erscheint allhier zur Schau,
    Massiv genug, ein alter Tempelbau.
    Dem Atlas gleich, der einst den Himmel trug,   6405
    Stehn reihenweis der Säulen hier genug;
    Sie mögen wohl der Felsenlast genügen,
    Da zwei schon ein groß Gebäude trügen.

ARCHITEKT. Das wär antik! ich wüßt es nicht zu preisen,
  Es sollte plump und überlästig heißen. 6410
  Roh nennt man edel, unbehülflich groß.
  Schmalpfeiler lieb ich, strebend, grenzenlos;
  Spitzbögiger Zenit erhebt den Geist;
  Solch ein Gebäu erbaut uns allermeist.

ASTROLOG.
  Empfangt mit Ehrfurcht sterngegönnte Stunden; 6415
  Durch magisch Wort sei die Vernunft gebunden;
  Dagegen weit heran bewege frei
  Sich herrliche verwegne Phantasei.
  Mit Augen schaut nun, was ihr kühn begehrt,
  Unmöglich ist's, drum eben glaubenswert. 6420

    FAUST *steigt auf der andern Seite des Prozeniums herauf.*

ASTROLOG. Im Priesterkleid, bekränzt, ein Wundermann,
  Der nun vollbringt, was er getrost begann.
  Ein Dreifuß steigt mit ihm aus hohler Gruft,
  Schon ahn ich aus der Schale Weihrauchduft.
  Er rüstet sich, das hohe Werk zu segnen, 6425
  Es kann fortan nur Glückliches begegnen.

FAUST *(großartig)*. In eurem Namen, Mütter, die ihr thront
  Im Grenzenlosen, ewig einsam wohnt,
  Und doch gesellig. Euer Haupt umschweben
  Des Lebens Bilder, regsam, ohne Leben. 6430
  Was einmal war, in allem Glanz und Schein,
  Es regt sich dort; denn es will ewig sein.
  Und ihr verteilt es, allgewaltige Mächte,
  Zum Zelt des Tages, zum Gewölb der Nächte.
  Die einen faßt des Lebens holder Lauf, 6435
  Die andern sucht der kühne Magier auf;
  In reicher Spende läßt er, voll Vertrauen,
  Was jeder wünscht, das Wunderwürdige schauen.

ASTROLOG. Der glühnde Schlüssel rührt die Schale kaum,
  Ein dunstiger Nebel deckt sogleich den Raum, 6440
  Er schleicht sich ein, er wogt nach Wolkenart,
  Gedehnt, geballt, verschränkt, geteilt, gepaart.
  Und nun erkennt ein Geister-Meisterstück!
  So wie sie wandeln, machen sie Musik.
  Aus luft'gen Tönen quillt ein Weißnichtwie, 6445

Indem sie ziehn, wird alles Melodie.
Der Säulenschaft, auch die Triglyphe klingt,
Ich glaube gar, der ganze Tempel singt.
Das Dunstige senkt sich; aus dem leichten Flor
Ein schöner Jüngling tritt im Takt hervor.   6450
Hier schweigt mein Amt, ich brauch ihn nicht zu nennen,
Wer sollte nicht den holden Paris kennen!

PARIS *hervortretend.*

DAME. Oh! welch ein Glanz aufblühender Jugendkraft!
ZWEITE. Wie eine Pfirsche frisch und voller Saft!
DRITTE. Die fein gezognen, süß geschwollnen Lippen!   6455
VIERTE. Du möchtest wohl an solchem Becher nippen?
FÜNFTE. Er ist gar hübsch, wenn auch nicht eben fein.
SECHSTE. Ein bißchen könnt er doch gewandter sein.
RITTER. Den Schäferknecht glaub ich allhier zu spüren,
  Vom Prinzen nichts und nichts von Hofmanieren.   6460
ANDRER. Eh nun! halb nackt ist wohl der Junge schön,
  Doch müßten wir ihn erst im Harnisch sehn!
DAME. Er setzt sich nieder, weichlich, angenehm.
RITTER. Auf seinem Schoße wär Euch wohl bequem?
ANDRE. Er lehnt den Arm so zierlich übers Haupt.   6465
KÄMMERER. Die Flegelei! Das find ich unerlaubt!
DAME. Ihr Herren wißt an allem was zu mäkeln.
DERSELBE. In Kaisers Gegenwart sich hinzuräkeln!
DAME. Er stellt's nur vor! Er glaubt sich ganz allein.
DERSELBE.
  Das Schauspiel selbst, hier sollt es höflich sein.   6470
DAME. Sanft hat der Schlaf den Holden übernommen.
DERSELBE.
  Er schnarcht nun gleich; natürlich ist's, vollkommen!
JUNGE DAME *(entzückt).*
  Zum Weihrauchsdampf was duftet so gemischt,
  Das mir das Herz zum innigsten erfrischt?
ÄLTRE. Fürwahr! Es dringt ein Hauch tief ins Gemüte,   6475
  Er kommt von ihm!
ÄLTESTE.   Es ist des Wachstums Blüte,
  Im Jüngling als Ambrosia bereitet,
  Und atmosphärisch rings umher verbreitet.

HELENA *hervortretend.*

MEPHISTOPHELES.

Das wär sie denn! Vor dieser hätt ich Ruh;
Hübsch ist sie wohl, doch sagt sie mir nicht zu.   6480

ASTROLOG. Für mich ist diesmal weiter nichts zu tun,
Als Ehrenmann gesteh, bekenn ich's nun.
Die Schöne kommt, und hätt ich Feuerzungen!
Von Schönheit ward von jeher viel gesungen.
Wem sie erscheint, wird aus sich selbst entrückt,   6485
Wem sie gehörte, ward zu hoch beglückt.

FAUST. Hab ich noch Augen? Zeigt sich tief im Sinn
Der Schönheit Quelle reichlichstens ergossen?
Mein Schreckensgang bringt seligsten Gewinn.
Wie war die Welt mir nichtig, unerschlossen!   6490
Was ist sie nun seit meiner Priesterschaft?
Erst wünschenswert, gegründet, dauerhaft!
Verschwinde mir des Lebens Atemkraft,
Wenn ich mich je von dir zurückgewöhne! –
Die Wohlgestalt, die mich voreinst entzückte,   6495
In Zauberspiegelung beglückte,
War nur ein Schaumbild solcher Schöne! –
Du bist's, der ich die Regung aller Kraft,
Den Inbegriff der Leidenschaft,
Dir Neigung, Lieb, Anbetung, Wahnsinn zolle.   6500

MEPHISTOPHELES *(aus dem Kasten).*
So faßt Euch doch und fallt nicht aus der Rolle!

ÄLTERE DAME. Groß, wohlgestaltet, nur der Kopf zu klein.

JÜNGERE. Seht nur den Fuß! Wie könnt er plumper sein!

DIPLOMAT. Fürstinnen hab ich dieser Art gesehn;
Mich deucht, sie ist vom Kopf zum Fuße schön.   6505

HOFMANN. Sie nähert sich dem Schläfer listig mild.

DAME. Wie häßlich neben jugendreinem Bild!

POET. Von ihrer Schönheit ist er angestrahlt.

DAME. Endymion und Luna! wie gemalt!

DERSELBE. Ganz recht! die Göttin scheint herabzusinken,   6510
Sie neigt sich über, seinen Hauch zu trinken;
Beneidenswert! – Ein Kuß! – Das Maß ist voll.

DUENNA. Vor allen Leuten! Das ist doch zu toll!

FAUST. Furchtbare Gunst dem Knaben! –

MEPHISTOPHELES.   Ruhig! still!
Laß das Gespenst doch machen, was es will.   6515

HOFMANN. Sie schleicht sich weg, leichtfüßig; er erwacht.
DAME. Sie sieht sich um! Das hab ich wohl gedacht.
HOFMANN.
  Er staunt! Ein Wunder ist's, was ihm geschieht.
DAME. Ihr ist kein Wunder, was sie vor sich sieht.
HOFMANN. Mit Anstand kehrt sie sich zu ihm herum.   6520
DAME. Ich merke schon, sie nimmt ihn in die Lehre;
  In solchem Fall sind alle Männer dumm,
  Er glaubt wohl auch, daß er der erste wäre.
RITTER. Laßt mir sie gelten! Majestätisch fein! –
DAME. Die Buhlerin! Das nenn ich doch gemein!   6525
PAGE. Ich möchte wohl an seiner Stelle sein!
HOFMANN. Wer würde nicht in solchem Netz gefangen?
DAME. Das Kleinod ist durch manche Hand gegangen,
  Auch die Verguldung ziemlich abgebraucht.
ANDRE. Vom zehnten Jahr an hat sie nichts getaugt.   6530
RITTER. Gelegentlich nimmt jeder sich das Beste;
  Ich hielte mich an diese schönen Reste.
GELAHRTER. Ich seh sie deutlich, doch gesteh ich frei:
  Zu zweifeln ist, ob sie die rechte sei.
  Die Gegenwart verführt ins Übertriebne,   6535
  Ich halte mich vor allem ans Geschriebne.
  Da les ich denn, sie habe wirklich allen
  Graubärten Trojas sonderlich gefallen;
  Und wie mich dünkt, vollkommen paßt das hier:
  Ich bin nicht jung, und doch gefällt sie mir.   6540
ASTROLOG. Nicht Knabe mehr! Ein kühner Heldenmann,
  Umfaßt er sie, die kaum sich wehren kann.
  Gestärkten Arms hebt er sie hoch empor,
  Entführt er sie wohl gar?
FAUST.   Verwegner Tor!
  Du wagst! Du hörst nicht! halt! das ist zu viel!   6545
MEPHISTOPHELES.
  Machst du's doch selbst, das Fratzengeisterspiel!
ASTROLOG. Nur noch ein Wort! Nach allem, was geschah,
  Nenn ich das Stück den *Raub der Helena*.
FAUST. Was Raub! Bin ich für nichts an dieser Stelle!
  Ist dieser Schlüssel nicht in meiner Hand!   6550
  Er führte mich, durch Graus und Wog und Welle
  Der Einsamkeiten, her zum festen Strand.
  Hier faß ich Fuß! Hier sind es Wirklichkeiten,

Von hier aus darf der Geist mit Geistern streiten,
Das Doppelreich, das große, sich bereiten.　　　　　　　6555
So fern sie war, wie kann sie näher sein!
Ich rette sie, und sie ist doppelt mein.
Gewagt! Ihr Mütter! Mütter! müßt's gewähren!
Wer sie erkannt, der darf sie nicht entbehren.
ASTROLOG. Was tust du, Fauste! Fauste! – Mit Gewalt　　6560
Faßt er sie an, schon trübt sich die Gestalt.
Den Schlüssel kehrt er nach dem Jüngling zu,
Berührt ihn! – Weh uns, Wehe! Nu! im Nu!
(Explosion, Faust liegt am Boden. Die Geister gehen in Dunst auf.)
MEPHISTOPHELES *(der Fausten auf die Schulter nimmt).*
Da habt ihr's nun! mit Narren sich beladen,
Das kommt zuletzt dem Teufel selbst zu Schaden.　　　6565
(Finsternis, Tumult.)

Zweiter Akt

Hochgewölbtes enges gotisches Zimmer,
ehemals Faustens, unverändert.

MEPHISTOPHELES *(hinter einem Vorhang hervortretend. Indem er*
ihn aufhebt und zurücksieht, erblickt man Fausten hingestreckt auf
einem altväterischen Bette).
Hier lieg, Unseliger! verführt
Zu schwergelöstem Liebesbande!
Wen Helena paralysiert,
Der kommt so leicht nicht zu Verstande.
(Sich umschauend.)
Blick ich hinauf, hierher, hinüber,　　　　　　　　　　6570
Allunverändert ist es, unversehrt;
Die bunten Scheiben sind, so dünkt mich, trüber,
Die Spinneweben haben sich vermehrt;
Die Tinte starrt, vergilbt ist das Papier;
Doch alles ist am Platz geblieben;　　　　　　　　　　6575
Sogar die Feder liegt noch hier,
Mit welcher Faust dem Teufel sich verschrieben.
Ja! tiefer in dem Rohre stockt
Ein Tröpflein Blut, wie ich's ihm abgelockt.

Zu einem solchen einzigen Stück   6580
Wünscht ich dem größten Sammler Glück.
Auch hängt der alte Pelz am alten Haken,
Erinnert mich an jene Schnaken,
Wie ich den Knaben einst belehrt,
Woran er noch vielleicht als Jüngling zehrt.   6585
Es kommt mir wahrlich das Gelüsten,
Rauchwarme Hülle, dir vereint
Mich als Dozent noch einmal zu erbrüsten,
Wie man so völlig recht zu haben meint.
Gelehrte wissen's zu erlangen,   6590
Dem Teufel ist es längst vergangen.
*(Er schüttelt den herabgenommenen Pelz; Zikaden, Käfer
und Farfarellen fahren heraus.)*

CHOR DER INSEKTEN. Willkommen! willkommen,
                    Du alter Patron!
                    Wir schweben und summen
                    Und kennen dich schon.   6595
                    Nur einzeln im stillen
                    Du hast uns gepflanzt;
                    Zu Tausenden kommen wir,
                    Vater, getanzt.
                    Der Schalk in dem Busen   6600
                    Verbirgt sich so sehr,
                    Vom Pelze die Läuschen
                    Enthüllen sich eh'r.

MEPHISTOPHELES.
Wie überraschend mich die junge Schöpfung freut!
Man säe nur, man erntet mit der Zeit.   6605
Ich schüttle noch einmal den alten Flaus,
Noch eines flattert hier und dort hinaus. –
Hinauf! umher! in hunderttausend Ecken
Eilt euch, ihr Liebchen, zu verstecken.
Dort, wo die alten Schachteln stehn,   6610
Hier im bebräunten Pergamen,
In staubigen Scherben alter Töpfe,
Dem Hohlaug jener Totenköpfe.
In solchem Wust und Moderleben
Muß es für ewig Grillen geben. *(Schlüpft in den Pelz.)* 6615
Komm, decke mir die Schultern noch einmal!

Heut bin ich wieder Prinzipal.
Doch hilft es nichts, mich so zu nennen;
Wo sind die Leute, die mich anerkennen?
(Er zieht die Glocke, die einen gellenden, durchdringenden Ton
erschallen läßt, wovon die Hallen erbeben und die Türen auf-
springen.)

FAMULUS *(den langen finstern Gang herwankend).*

    Welch ein Tönen! welch ein Schauer!   6620
    Treppe schwankt, es bebt die Mauer;
    Durch der Fenster buntes Zittern
    Seh ich wetterleuchtend Wittern.
    Springt das Estrich, und von oben
    Rieselt Kalk und Schutt verschoben.   6625
    Und die Türe, fest verriegelt,
    Ist durch Wunderkraft entsiegelt. –
    Dort! Wie fürchterlich! Ein Riese
    Steht in Faustens altem Vliese!
    Seinen Blicken, seinem Winken   6630
    Möcht ich in die Kniee sinken.
    Soll ich fliehen? Soll ich stehn?
    Ach wie wird es mir ergehn!

MEPHISTOPHELES *(winkend).*
    Heran, mein Freund! – Ihr heißet Nikodemus.

FAMULUS.
    Hochwürdiger Herr! So ist mein Nam – Oremus.   6635

MEPHISTOPHELES. Das lassen wir!

FAMULUS.   Wie froh, daß Ihr mich kennt!

MEPHISTOPHELES.
    Ich weiß es wohl, bejahrt und noch Student,
    Bemooster Herr! Auch ein gelehrter Mann
    Studiert so fort, weil er nicht anders kann.
    So baut man sich ein mäßig Kartenhaus,   6640
    Der größte Geist baut's doch nicht völlig aus.
    Doch Euer Meister, das ist ein Beschlagner:
    Wer kennt ihn nicht, den edlen Doktor Wagner,
    Den Ersten jetzt in der gelehrten Welt!
    Er ist's allein, der sie zusammenhält,   6645
    Der Weisheit täglicher Vermehrer.
    Allwißbegierige Horcher, Hörer
    Versammeln sich um ihn zuhauf.
    Er leuchtet einzig vom Katheder;

Die Schlüssel übt er wie Sankt Peter,　　　　　　　　6650
Das Untre so das Obre schließt er auf.
Wie er vor allen glüht und funkelt,
Kein Ruf, kein Ruhm hält weiter stand;
Selbst Faustus' Name wird verdunkelt,
Er ist es, der allein erfand.　　　　　　　　　　　6655
FAMULUS. Verzeiht, hochwürdiger Herr! wenn ich Euch sage,
Wenn ich zu widersprechen wage:
Von allem dem ist nicht die Frage;
Bescheidenheit ist sein beschieden Teil.
Ins unbegreifliche Verschwinden　　　　　　　　　6660
Des hohen Manns weiß er sich nicht zu finden,
Von dessen Wiederkunft erfleht er Trost und Heil.
Das Zimmer, wie zu Doktor Faustus' Tagen,
Noch unberührt, seitdem er fern,
Erwartet seinen alten Herrn.　　　　　　　　　　6665
Kaum wag ich's, mich herein zu wagen.
Was muß die Sternenstunde sein? –
Gemäuer scheint mir zu erbangen;
Türpfosten bebten, Riegel sprangen,
Sonst kamt Ihr selber nicht herein.　　　　　　　　6670
MEPHISTOPHELES. Wo hat der Mann sich hingetan?
Führt mich zu ihm, bringt ihn heran!
FAMULUS. Ach! sein Verbot ist gar zu scharf,
Ich weiß nicht, ob ich's wagen darf.
Monatelang, des großen Werkes willen,　　　　　　6675
Lebt' er im allerstillsten Stillen.
Der zarteste gelehrter Männer,
Er sieht aus wie ein Kohlenbrenner,
Geschwärzt vom Ohre bis zur Nasen,
Die Augen rot vom Feuerblasen;　　　　　　　　　6680
So lechzt er jedem Augenblick;
Geklirr der Zange gibt Musik.
MEPHISTOPHELES. Sollt er den Zutritt mir verneinen?
Ich bin der Mann, das Glück ihm zu beschleunen.
*(Der Famulus geht ab, Mephistopheles setzt sich gravitätisch
nieder.)*
Kaum hab ich Posto hier gefaßt,　　　　　　　　　6685
Regt sich dort hinten, mir bekannt, ein Gast.
Doch diesmal ist er von den Neusten,
Er wird sich grenzenlos erdreusten.

BACCALAUREUS *(den Gang herstürmend).*

    Tor und Türe find ich offen!
    Nun, da läßt sich endlich hoffen,   6690
    Daß nicht, wie bisher, im Moder
    Der Lebendige wie ein Toter
    Sich verkümmere, sich verderbe,
    Und am Leben selber sterbe.

    Diese Mauern, diese Wände   6695
    Neigen, senken sich zum Ende;
    Und wenn wir nicht bald entweichen,
    Wird uns Fall und Sturz erreichen.
    Bin verwegen, wie nicht einer,
    Aber weiter bringt mich keiner.   6700

    Doch was soll ich heut erfahren!
    War's nicht hier, vor so viel Jahren,
    Wo ich, ängstlich und beklommen,
    War als guter Fuchs gekommen?
    Wo ich diesen Bärtigen traute,   6705
    Mich an ihrem Schnack erbaute?

    Aus den alten Bücherkrusten
    Logen sie mir, was sie wußten,
    Was sie wußten, selbst nicht glaubten,
    Sich und mir das Leben raubten.
    Wie? – Dort hinten in der Zelle   6710
    Sitzt noch einer dunkel-helle!

    Nahend seh ich's mit Erstaunen,
    Sitzt er noch im Pelz, dem braunen;
    Wahrlich, wie ich ihn verließ,   6715
    Noch gehüllt im rauhen Vlies!
    Damals schien er zwar gewandt,
    Als ich ihn noch nicht verstand.
    Heute wird es nichts verfangen,
    Frisch an ihn herangegangen!   6720

    Wenn, alter Herr, nicht Lethes trübe Fluten
    Das schiefgesenkte, kahle Haupt durchschwommen,
    Seht anerkennend hier den Schüler kommen,
    Entwachsen akademischen Ruten.
    Ich find Euch noch, wie ich Euch sah;   6725
    Ein anderer bin *ich* wieder da.

MEPHISTOPHELES.
 Mich freut, daß ich Euch hergeläutet.
 Ich schätzt Euch damals nicht gering;
 Die Raupe schon, die Chrysalide deutet
 Den künftigen bunten Schmetterling. 6730
 Am Lockenkopf und Spitzenkragen
 Empfandet Ihr ein kindliches Behagen. –
 Ihr trugt wohl niemals einen Zopf? –
 Heut schau ich Euch im Schwedenkopf.
 Ganz resolut und wacker seht Ihr aus; 6735
 Kommt nur nicht absolut nach Haus.

BACCALAUREUS. Mein alter Herr! Wir sind am alten Orte,
 Bedenkt jedoch erneuter Zeiten Lauf
 Und sparet doppelsinnige Worte;
 Wir passen nun ganz anders auf. 6740
 Ihr hänseltet den guten treuen Jungen;
 Das ist Euch ohne Kunst gelungen,
 Was heutzutage niemand wagt.

MEPHISTOPHELES.
 Wenn man der Jugend reine Wahrheit sagt,
 Die gelben Schnäbeln keineswegs behagt, 6745
 Sie aber hinterdrein nach Jahren
 Das alles derb an eigner Haut erfahren,
 Dann dünkeln sie, es käm aus eignem Schopf;
 Da heißt es denn: der Meister war ein Tropf.

BACCALAUREUS.
 Ein Schelm vielleicht! – denn welcher Lehrer spricht 6750
 Die Wahrheit uns direkt ins Angesicht?
 Ein jeder weiß zu mehren wie zu mindern,
 Bald ernst, bald heiter klug zu frommen Kindern.

MEPHISTOPHELES. Zum Lernen gibt es freilich eine Zeit,
 Zum Lehren seid Ihr, merk ich, selbst bereit. 6755
 Seit manchen Monden, einigen Sonnen
 Erfahrungsfülle habt Ihr wohl gewonnen.

BACCALAUREUS. Erfahrungswesen! Schaum und Dust!
 Und mit dem Geist nicht ebenbürtig.
 Gesteht! was man von je gewußt, 6760
 Es ist durchaus nicht wissenswürdig.

MEPHISTOPHELES (*nach einer Pause*).
 Mich deucht es längst. Ich war ein Tor,
 Nun komm ich mir recht schal und albern vor.

BACCALAUREUS.
　Das freut mich sehr! Da hör ich doch Verstand;
　Der erste Greis, den ich vernünftig fand!　　　　　6765
MEPHISTOPHELES.
　Ich suchte nach verborgen-goldnem Schatze,
　Und schauerliche Kohlen trug ich fort.
BACCALAUREUS. Gesteht nur, Euer Schädel, Eure Glatze
　Ist nicht mehr wert als jene hohlen dort?
MEPHISTOPHELES *(gemütlich).*
　Du weißt wohl nicht, mein Freund, wie grob du bist?　　6770
BACCALAUREUS.
　Im Deutschen lügt man, wenn man höflich ist.
MEPHISTOPHELES *(der mit seinem Rollstuhle immer näher ins*
　Proszenium rückt, zum Parterre).
　Hier oben wird mir Licht und Luft benommen,
　Ich finde wohl bei Euch ein Unterkommen?
BACCALAUREUS.
　Anmaßlich find ich, daß zur schlechtsten Frist
　Man etwas sein will, wo man nichts mehr ist.　　　　6775
　Des Menschen Leben lebt im Blut, und wo
　Bewegt das Blut sich wie im Jüngling so?
　Das ist lebendig Blut in frischer Kraft,
　Das neues Leben sich aus Leben schafft.
　Da regt sich alles, da wird was getan,　　　　　　6780
　Das Schwache fällt, das Tüchtige tritt heran.
　Indessen wir die halbe Welt gewonnen,
　Was habt Ihr denn getan? genickt, gesonnen,
　Geträumt, erwogen, Plan und immer Plan.
　Gewiß! das Alter ist ein kaltes Fieber　　　　　　6785
　Im Frost von grillenhafter Not.
　Hat einer dreißig Jahr vorüber,
　So ist er schon so gut wie tot.
　Am besten wär's, euch zeitig totzuschlagen.
MEPHISTOPHELES.
　Der Teufel hat hier weiter nichts zu sagen.　　　　6790
BACCALAUREUS.
　Wenn ich nicht will, so darf kein Teufel sein.
MEPHISTOPHELES *(abseits).*
　Der Teufel stellt dir nächstens doch ein Bein.
BACCALAUREUS. Dies ist der Jugend edelster Beruf!
　Die Welt, sie war nicht, eh ich sie erschuf;

Die Sonne führt ich aus dem Meer herauf;   6795
Mit mir begann der Mond des Wechsels Lauf;
Da schmückte sich der Tag auf meinen Wegen,
Die Erde grünte, blühte mir entgegen.
Auf meinen Wink, in jener ersten Nacht,
Entfaltete sich aller Sterne Pracht.   6800
Wer, außer mir, entband euch aller Schranken
Philisterhaft einklemmender Gedanken?
Ich aber, frei, wie mir's im Geiste spricht,
Verfolge froh mein innerliches Licht,
Und wandle rasch, im eigensten Entzücken,   6805
Das Helle vor mir, Finsternis im Rücken. *(Ab.)*

MEPHISTOPHELES.
Original, fahr hin in deiner Pracht! –
Wie würde dich die Einsicht kränken:
Wer kann was Dummes, wer was Kluges denken,
Das nicht die Vorwelt schon gedacht? –   6810
Doch sind wir auch mit diesem nicht gefährdet,
In wenig Jahren wird es anders sein:
Wenn sich der Most auch ganz absurd gebärdet,
Es gibt zuletzt doch noch e' Wein.
(Zu dem jüngern Parterre, das nicht applaudiert.)
Ihr bleibt bei meinem Worte kalt,   6815
Euch guten Kindern laß ich's gehen;
Bedenkt: der Teufel, der ist alt,
So werdet alt, ihn zu verstehen!

Laboratorium

*im Sinne des Mittelalters, weitläufige unbehülfliche Apparate zu
phantastischen Zwecken.*

WAGNER *(am Herde)*.
Die Glocke tönt, die fürchterliche,
Durchschauert die berußten Mauern.   6820
Nicht länger kann das Ungewisse
Der ernstesten Erwartung dauern.
Schon hellen sich die Finsternisse;
Schon in der innersten Phiole
Erglüht es wie lebendige Kohle,   6825
Ja wie der herrlichste Karfunkel,

Verstrahlend Blitze durch das Dunkel;
Ein helles weißes Licht erscheint!
O daß ich's diesmal nicht verliere! –
Ach Gott! was rasselt an der Türe? 6830
MEPHISTOPHELES *(eintretend).*
Willkommen! es ist gut gemeint.
WAGNER *(ängstlich).* Willkommen zu dem Stern der Stunde!
(Leise.) Doch haltet Wort und Atem fest im Munde,
Ein herrlich Werk ist gleich zustand gebracht.
MEPHISTOPHELES *(leise).*
Was gibt es denn?
WAGNER *(leiser).* Es wird ein Mensch gemacht. 6835
MEPHISTOPHELES. Ein Mensch? Und welch verliebtes Paar
Habt Ihr ins Rauchloch eingeschlossen?
WAGNER. Behüte Gott! wie sonst das Zeugen Mode war,
Erklären wir für eitel Possen.
Der zarte Punkt, aus dem das Leben sprang, 6840
Die holde Kraft, die aus dem Innern drang
Und nahm und gab, bestimmt, sich selbst zu zeichnen,
Erst Nächstes, dann sich Fremdes anzueignen,
Die ist von ihrer Würde nun entsetzt;
Wenn sich das Tier noch weiter dran ergetzt, 6845
So muß der Mensch mit seinen großen Gaben
Doch künftig höhern, höhern Ursprung haben.
(Zum Herd gewendet.)
Es leuchtet! seht! – Nun läßt sich wirklich hoffen,
Daß, wenn wir aus vielhundert Stoffen
Durch Mischung, denn auf Mischung kommt es an, 6850
Den Menschenstoff gemächlich komponieren,
In einen Kolben verlutieren
Und ihn gehörig kohobieren,
So ist das Werk im stillen abgetan.
(Zum Herd gewendet.)
Es wird! die Masse regt sich klarer, 6855
Die Überzeugung wahrer, wahrer:
Was man an der Natur Geheimnisvolles pries,
Das wagen wir verständig zu probieren,
Und was sie sonst organisieren ließ,
Das lassen wir kristallisieren. 6860
MEPHISTOPHELES. Wer lange lebt, hat viel erfahren,
Nichts Neues kann für ihn auf dieser Welt geschehn,

Ich habe schon in meinen Wanderjahren
Kristallisiertes Menschenvolk gesehn.
WAGNER *(bisher immer aufmerksam auf die Phiole).*
Es steigt, es blitzt, es häuft sich an,   6865
Im Augenblick ist es getan.
Ein großer Vorsatz scheint im Anfang toll;
Doch wollen wir des Zufalls künftig lachen,
Und so ein Hirn, das trefflich denken soll,
Wird künftig auch ein Denker machen.   6870
(Entzückt die Phiole betrachtend.)
Das Glas erklingt von lieblicher Gewalt,
Es trübt, es klärt sich; also muß es werden!
Ich seh in zierlicher Gestalt
Ein artig Männlein sich gebärden.
Was wollen wir, was will die Welt nun mehr?   6875
Denn das Geheimnis liegt am Tage.
Gebt diesem Laute nur Gehör,
Er wird zur Stimme, wird zur Sprache.
HOMUNCULUS *(in der Phiole zu Wagner).*
Nun, Väterchen! wie steht's? es war kein Scherz.
Komm, drücke mich recht zärtlich an dein Herz!   6880
Doch nicht zu fest, damit das Glas nicht springe.
Das ist die Eigenschaft der Dinge:
Natürlichem genügt das Weltall kaum,
Was künstlich ist, verlangt geschloßnen Raum.
(Zu Mephistopheles.)
Du aber, Schalk, Herr Vetter, bist du hier?   6885
Im rechten Augenblick, ich danke dir.
Ein gut Geschick führt dich zu uns herein;
Dieweil ich bin, muß ich auch tätig sein.
Ich möchte mich sogleich zur Arbeit schürzen.
Du bist gewandt, die Wege mir zu kürzen.   6890
WAGNER. Nur noch ein Wort! Bisher mußt ich mich schämen,
Denn alt und jung bestürmt mich mit Problemen.
Zum Beispiel nur: noch niemand konnt es fassen,
Wie Seel und Leib so schön zusammenpassen,
So fest sich halten, als um nie zu scheiden,   6895
Und doch den Tag sich immerfort verleiden.
Sodann –
MEPHISTOPHELES. Halt ein! ich wollte lieber fragen:
Warum sich Mann und Frau so schlecht vertragen?

Du kommst, mein Freund, hierüber nie ins reine.
Hier gibt's zu tun, das eben will der Kleine.   6900
HOMUNCULUS. Was gibt's zu tun?
MEPHISTOPHELES *(auf eine Seitentüre deutend).*
                    Hier zeige deine Gabe!
WAGNER *(immer in die Phiole schauend).*
Fürwahr, du bist ein allerliebster Knabe!
*(Die Seitentür öffnet sich, man sieht Faust auf dem Lager
hingestreckt.)*
HOMUNCULUS *(erstaunt).*
Bedeutend! – *(Die Phiole entschlüpft aus Wagners
Händen, schwebt über Faust und beleuchtet ihn.)*
        Schön umgeben! – Klar Gewässer
Im dichten Haine; Fraun, die sich entkleiden,
Die allerliebsten! – Das wird immer besser.   6905
Doch eine läßt sich glänzend unterscheiden,
Aus höchstem Helden-, wohl aus Götterstamme.
Sie setzt den Fuß in das durchsichtige Helle;
Des edlen Körpers holde Lebensflamme
Kühlt sich im schmiegsamen Kristall der Welle. –   6910
Doch welch Getöse rasch bewegter Flügel,
Welch Sausen, Plätschern wühlt im glatten Spiegel?
Die Mädchen fliehn verschüchtert; doch allein
Die Königin, sie blickt gelassen drein
Und sieht mit stolzem weiblichem Vergnügen   6915
Der Schwäne Fürsten ihrem Knie sich schmiegen,
Zudringlich-zahm. Er scheint sich zu gewöhnen. –
Auf einmal aber steigt ein Dunst empor
Und deckt mit dichtgewebtem Flor
Die lieblichste von allen Szenen.   6920
MEPHISTOPHELES. Was du nicht alles zu erzählen hast!
So klein du bist, so groß bist du Phantast.
Ich sehe nichts –
HOMUNCULUS.   Das glaub ich. Du aus Norden,
Im Nebelalter jung geworden,   6925
Im Wust von Rittertum und Pfäfferei,
Wo wäre da dein Auge frei!
Im Düstern bist du nur zu Hause.
(Umherschauend.) Verbräunt Gestein, bemodert, widrig,
Spitzbögig, schnörkelhaftest, niedrig! –
Erwacht uns dieser, gibt es neue Not,   6930

Er bleibt gleich auf der Stelle tot.
Waldquellen, Schwäne, nackte Schönen,
Das war sein ahnungsvoller Traum;
Wie wollt er sich hierher gewöhnen!
Ich, der Bequemste, duld es kaum.   6935
Nun fort mit ihm!

MEPHISTOPHELES.   Der Ausweg soll mich freuen.

HOMUNCULUS. Befiehl den Krieger in die Schlacht,
Das Mädchen führe du zum Reihen,
So ist gleich alles abgemacht.
Jetzt eben, wie ich schnell bedacht,   6940
Ist klassische Walpurgisnacht;
Das Beste, was begegnen könnte,
Bringt ihn zu seinem Elemente.

MEPHISTOPHELES. Dergleichen hab ich nie vernommen.

HOMUNCULUS.
Wie wollt es auch zu euren Ohren kommen?   6945
Romantische Gespenster kennt ihr nur allein;
Ein echt Gespenst, auch klassisch hat's zu sein.

MEPHISTOPHELES.
Wohin denn aber soll die Fahrt sich regen?
Mich widern schon antikische Kollegen.

HOMUNCULUS. Nordwestlich, Satan, ist dein Lustrevier,   6950
Südöstlich diesmal aber segeln wir –
An großer Fläche fließt Peneios frei,
Umbuscht, umbaumt, in still- und feuchten Buchten;
Die Ebne dehnt sich zu der Berge Schluchten,
Und oben liegt Pharsalus, alt und neu.   6955

MEPHISTOPHELES.
O weh! hinweg! und laßt mir jene Streite
Von Tyrannei und Sklaverei beiseite.
Mich langeweilt's; denn kaum ist's abgetan,
So fangen sie von vorne wieder an;
Und keiner merkt: er ist doch nur geneckt   6960
Vom Asmodeus, der dahinter steckt.
Sie streiten sich, so heißt's, um Freiheitsrechte;
Genau besehn, sind's Knechte gegen Knechte.

HOMUNCULUS. Den Menschen laß ihr widerspenstig Wesen,
Ein jeder muß sich wehren, wie er kann,   6965
Vom Knaben auf, so wird's zuletzt ein Mann.
Hier fragt sich's nur, wie dieser kann genesen.

Hast du ein Mittel, so erprob es hier,
Vermagst du's nicht, so überlaß es mir.

MEPHISTOPHELES.

Manch Brockenstückchen wäre durchzuproben, 6970
Doch Heidenriegel find ich vorgeschoben.
Das Griechenvolk, es taugte nie recht viel!
Doch blendet's euch mit freiem Sinnenspiel,
Verlockt des Menschen Brust zu heitern Sünden;
Die unsern wird man immer düster finden. 6975
Und nun, was soll's?

HOMUNCULUS.   Du bist ja sonst nicht blöde;
Und wenn ich von thessalischen Hexen rede,
So denk ich, hab ich was gesagt.

MEPHISTOPHELES *(lüstern).*

Thessalische Hexen! Wohl! das sind Personen,
Nach denen hab ich lang gefragt. 6980
Mit ihnen Nacht für Nacht zu wohnen,
Ich glaube nicht, daß es behagt;
Doch zum Besuch! Versuch –

HOMUNCULUS.   Den Mantel her,
Und um den Ritter umgeschlagen!
Der Lappen wird euch, wie bisher, 6985
Den einen mit dem andern tragen;
Ich leuchte vor.

WAGNER *(ängstlich).* Und ich?

HOMUNCULUS.   Eh nun,
Du bleibst zu Hause, Wichtigstes zu tun.
Entfalte du die alten Pergamente,
Nach Vorschrift sammle Lebenselemente 6990
Und füge sie mit Vorsicht eins ans andre.
Das *Was* bedenke, mehr bedenke *Wie*.
Indessen ich ein Stückchen Welt durchwandre,
Entdeck ich wohl das Tüpfchen auf das i.
Dann ist der große Zweck erreicht, 6995
Solch einen Lohn verdient ein solches Streben:
Gold, Ehre, Ruhm, gesundes langes Leben,
Und Wissenschaft und Tugend – auch vielleicht.
Leb wohl!

WAGNER *(betrübt).*

          Leb wohl! Das drückt das Herz mir nieder.
Ich fürchte schon, ich seh dich niemals wieder. 7000

MEPHISTOPHELES. Nun zum Peneios frisch hinab,
  Herr Vetter ist nicht zu verachten.
  (Ad Spectatores.) Am Ende hängen wir doch ab
  Von Kreaturen, die wir machten.

Klassische Walpurgisnacht

Pharsalische Felder

Finsternis.

ERICHTHO.
  Zum Schauderfeste dieser Nacht, wie öfter schon,   7005
  Tret ich einher, Erichtho, ich, die düstere;
  Nicht so abscheulich, wie die leidigen Dichter mich
  Im Übermaß verlästern . . . Endigen sie doch nie
  In Lob und Tadel . . . Überbleicht erscheint mir schon
  Von grauer Zelten Woge weit das Tal dahin,   7010
  Als Nachgesicht der sorg- und grauenvollsten Nacht.
  Wie oft schon wiederholt' sich's! wird sich immerfort
  Ins Ewige wiederholen . . . Keiner gönnt das Reich
  Dem andern, dem gönnt's keiner, der's mit Kraft erwarb
  Und kräftig herrscht. Denn jeder, der sein innres Selbst 7015
  Nicht zu regieren weiß, regierte gar zu gern
  Des Nachbars Willen, eignem stolzem Sinn gemäß . . .
  Hier aber ward ein großes Beispiel durchgekämpft:
  Wie sich Gewalt Gewaltigerem entgegenstellt,
  Der Freiheit holder, tausendblumiger Kranz zerreißt,   7020
  Der starre Lorbeer sich ums Haupt des Herrschers biegt.
  Hier träumte Magnus früher Größe Blütentag,
  Dem schwanken Zünglein lauschend wachte Cäsar dort!
  Das wird sich messen. Weiß die Welt doch, wem's gelang.

  Wachfeuer glühen, rote Flammen spendende,   7025
  Der Boden haucht vergoßnen Blutes Widerschein,
  Und angelockt von seltnem Wunderglanz der Nacht,
  Versammelt sich hellenischer Sage Legion.
  Um alle Feuer schwankt unsicher oder sitzt
  Behaglich alter Tage fabelhaft Gebild . . .   7030
  Der Mond, zwar unvollkommen, aber leuchtend hell,
  Erhebt sich, milden Glanz verbreitend überall;
  Der Zelten Trug verschwindet, Feuer brennen blau.

Doch, über mir! welch unerwartet Meteor?
Es leuchtet und beleuchtet körperlichen Ball. 7035
Ich wittre Leben. Da geziemen will mir's nicht,
Lebendigem zu nahen, dem ich schädlich bin;
Das bringt mir bösen Ruf und frommt mir nicht,
Schon sinkt es nieder. Weich ich aus mit Wohlbedacht!
(Entfernt sich.)

Die LUFTFAHRER *oben.*

HOMUNCULUS. Schwebe noch einmal die Runde 7040
      Über Flamm- und Schaudergrauen;
      Ist es doch in Tal und Grunde
      Gar gespenstisch anzuschauen.
MEPHISTOPHELES.
      Seh ich, wie durchs alte Fenster
      In des Nordens Wust und Graus,
      Ganz abscheuliche Gespenster, 7045
      Bin ich hier wie dort zu Haus.
HOMUNCULUS. Sieh! da schreitet eine Lange
      Weiten Schrittes vor uns hin.
MEPHISTOPHELES. Ist es doch, als wär ihr bange; 7050
      Sah uns durch die Lüfte ziehn.
HOMUNCULUS. Laß sie schreiten! setz ihn nieder,
      Deinen Ritter, und sogleich
      Kehret ihm das Leben wieder,
      Denn er sucht's im Fabelreich. 7055
FAUST *(den Boden berührend).*
      Wo ist sie? –
HOMUNCULUS. Wüßten's nicht zu sagen,
Doch hier wahrscheinlich zu erfragen.
In Eile magst du, eh es tagt,
Von Flamm zu Flamme spürend gehen:
Wer zu den Müttern sich gewagt, 7060
Hat weiter nichts zu überstehen.
MEPHISTOPHELES.
Auch ich bin hier an meinem Teil;
Doch wüßt ich Besseres nicht zu unserm Heil,
Als: jeder möge durch die Feuer
Versuchen sich sein eigen Abenteuer. 7065
Dann, um uns wieder zu vereinen,
Laß deine Leuchte, Kleiner, tönend scheinen.

HOMUNCULUS. So soll es blitzen, soll es klingen.
(*Das Glas dröhnt und leuchtet gewaltig.*)
Nun frisch zu neuen Wunderdingen! (*Ab.*)
FAUST (*allein*).
Wo ist sie! – Frage jetzt nicht weiter nach . . .   7070
Wär's nicht die Scholle, die sie trug,
Die Welle nicht, die ihr entgegen schlug,
So ist's die Luft, die ihre Sprache sprach.
Hier! durch ein Wunder, hier in Griechenland!
Ich fühlte gleich den Boden, wo ich stand;   7075
Wie mich, den Schläfer, frisch ein Geist durchglühte,
So steh ich, ein Antäus an Gemüte.
Und find ich hier das Seltsamste beisammen,
Durchforsch ich ernst dies Labyrinth der Flammen.
(*Entfernt sich.*)
MEPHISTOPHELES (*umherspürend*).
Und wie ich diese Feuerchen durchschweife,   7080
So find ich mich doch ganz und gar entfremdet,
Fast alles nackt, nur hie und da behemdet:
Die Sphinxe schamlos, unverschämt die Greife,
Und was nicht alles, lockig und beflügelt,
Von vorn und hinten sich im Auge spiegelt . . .   7085
Zwar sind auch wir von Herzen unanständig,
Doch das Antike find ich zu lebendig;
Das müßte man mit neustem Sinn bemeistern
Und mannigfaltig modisch überkleistern . . .
Ein widrig Volk! Doch darf mich's nicht verdrießen,   7090
Als neuer Gast anständig sie zu grüßen . . .
Glückzu den schönen Fraun, den klugen Greisen!
GREIF (*schnarrend*).
Nicht Greisen! Greifen! – Niemand hört es gern,
Daß man ihn Greis nennt. Jedem Worte klingt
Der Ursprung nach, wo es sich her bedingt: 7095
Grau, grämlich, griesgram, greulich, Gräber, grimmig,
Etymologisch gleicherweise stimmig,
Verstimmen uns.
MEPHISTOPHELES. Und doch, nicht abzuschweifen,
Gefällt das *Grei* im Ehrentitel *Greifen*.
GREIF (*wie oben und immer so fort*).
Natürlich! Die Verwandtschaft ist erprobt,   7100
Zwar oft gescholten, mehr jedoch gelobt;

Man greife nun nach Mädchen, Kronen, Gold,
Dem Greifenden ist meist Fortuna hold.

AMEISEN *(von der kolossalen Art).*
Ihr sprecht von Gold, wir hatten viel gesammelt,
In Fels' und Höhlen heimlich eingerammelt;   7105
Das Arimaspenvolk hat's ausgespürt,
Sie lachen dort, wie weit sie's weggeführt.

GREIFE. Wir wollen sie schon zum Geständnis bringen.

ARIMASPEN. Nur nicht zur freien Jubelnacht.
Bis morgen ist's alles durchgebracht,   7110
Es wird uns diesmal wohl gelingen.

MEPHISTOPHELES *(hat sich zwischen die Sphinxe gesetzt).*
Wie leicht und gern ich mich hierher gewöhne,
Denn ich verstehe Mann für Mann.

SPHINX. Wir hauchen unsre Geistertöne,
Und ihr verkörpert sie alsdann.   7115
Jetzt nenne dich, bis wir dich weiter kennen.

MEPHISTOPHELES.
Mit vielen Namen glaubt man mich zu nennen –
Sind Briten hier? Sie reisen sonst so viel,
Schlachtfeldern nachzuspüren, Wasserfällen,
Gestürzten Mauern, klassisch dumpfen Stellen;   7120
Das wäre hier für sie ein würdig Ziel.
Sie zeugten auch: Im alten Bühnenspiel
Sah man mich dort als old Iniquity.

SPHINX. Wie kam man drauf?

MEPHISTOPHELES.   Ich weiß es selbst nicht wie.

SPHINX. Mag sein! Hast du von Sternen einige Kunde?   7125
Was sagst du zu der gegenwärt'gen Stunde?

MEPHISTOPHELES *(aufschauend).*
Stern schießt nach Stern, beschnittner Mond scheint helle,
Und mir ist wohl an dieser trauten Stelle,
Ich wärme mich an deinem Löwenfelle.
Hinauf sich zu versteigen, wär zum Schaden;   7130
Gib Rätsel auf, gib allenfalls Scharaden.

SPHINX. Sprich nur dich selbst aus, wird schon Rätsel sein.
Versuch einmal, dich innigst aufzulösen:
»Dem frommen Manne nötig wie dem bösen,
Dem ein Plastron, asketisch zu rapieren,   7135
Kumpan dem andern, Tolles zu vollführen,
Und beides nur, um Zeus zu amüsieren.«

ERSTER GREIF *(schnarrend).*
  Den mag ich nicht!
ZWEITER GREIF *(stärker schnarrend).*
                 Was will uns der?
BEIDE. Der Garstige gehöret nicht hierher!
MEPHISTOPHELES *(brutal).*
  Du glaubst vielleicht, des Gastes Nägel krauen   7140
  Nicht auch so gut wie deine scharfen Klauen?
  Versuch's einmal!
SPHINX *(milde).*   Du magst nur immer bleiben,
  Wird dich's doch selbst aus unsrer Mitte treiben;
  In deinem Lande tust dir was zugute,
  Doch, irr ich nicht, hier ist dir schlecht zumute.   7145
MEPHISTOPHELES.
  Du bist recht appetitlich oben anzuschauen,
  Doch unten hin die Bestie macht mir Grauen.
SPHINX. Du Falscher kommst zu deiner bittern Buße,
  Denn unsre Tatzen sind gesund;
  Dir mit verschrumpftem Pferdefuße   7150
  Behagt es nicht in unserem Bund.

               SIRENEN *präludieren oben.*

MEPHISTOPHELES. Wer sind die Vögel, in den Ästen
  Des Pappelstromes hingewiegt?
SPHINX. Gewahrt Euch nur! Die Allerbesten
  Hat solch ein Singsang schon besiegt.   7155
SIRENEN.   Ach was wollt ihr euch verwöhnen
           In dem Häßlich-Wunderbaren!
           Horcht, wir kommen hier zu Scharen
           Und in wohlgestimmten Tönen;
           So geziemet es Sirenen.   7160
SPHINXE *(sie verspottend in derselben Melodie).*
           Nötigt sie herabzusteigen!
           Sie verbergen in den Zweigen
           Ihre garstigen Habichtskrallen,
           Euch verderblich anzufallen,
           Wenn ihr euer Ohr verleiht.   7165
SIRENEN.   Weg das Hassen! weg das Neiden!
           Sammeln wir die klarsten Freuden,
           Unterm Himmel ausgestreut!

    Auf dem Wasser, auf der Erde
    Sei's die heiterste Gebärde,   7170
    Die man dem Willkommnen beut.

MEPHISTOPHELES.
  Das sind die saubern Neuigkeiten,
  Wo aus der Kehle, von den Saiten
  Ein Ton sich um den andern flicht.
  Das Trallern ist bei mir verloren,   7175
  Es krabbelt wohl mir um die Ohren,
  Allein zum Herzen dringt es nicht.

SPHINXE. Sprich nicht vom Herzen! das ist eitel;
  Ein lederner verschrumpfter Beutel,
  Das paßt dir eher zu Gesicht.   7180

FAUST *(herantretend).*
  Wie wunderbar! das Anschaun tut mir Gnüge,
  Im Widerwärtigen große, tüchtige Züge.
  Ich ahne schon ein günstiges Geschick;
  Wohin versetzt mich dieser ernste Blick?
  (Auf Sphinxe bezüglich.)
  Vor solchen hat einst Ödipus gestanden;   7185
  (auf Sirenen bezüglich)
  Vor solchen krümmte sich Ulyß in hänfnen Banden;
  (auf Ameisen bezüglich)
  Von solchen ward der höchste Schatz gespart,
  (auf Greife bezüglich)
  Von diesen treu und ohne Fehl bewahrt.
  Vom frischen Geiste fühl ich mich durchdrungen;
  Gestalten groß, groß die Erinnerungen.   7190

MEPHISTOPHELES.
  Sonst hättest du dergleichen weggeflucht,
  Doch jetzo scheint es dir zu frommen;
  Denn wo man die Geliebte sucht,
  Sind Ungeheuer selbst willkommen.

FAUST *(zu den Sphinxen).*
  Ihr Frauenbilder müßt mir Rede stehn: 7195
  Hat eins der Euren Helena gesehn?

SPHINXE. Wir reichen nicht hinauf zu ihren Tagen,
  Die letztesten hat Herkules erschlagen.
  Von Chiron könntest du's erfragen;
  Der sprengt herum in dieser Geisternacht,   7200
  Wenn er dir steht, so hast du's weit gebracht.

SIRENEN.   Sollte dir's doch auch nicht fehlen! . . .
            Wie Ulyß bei uns verweilte,
            Schmähend nicht vorübereilte,
            Wußt er vieles zu erzählen;   7205
            Würden alles dir vertrauen,
            Wolltest du zu unsern Gauen
            Dich ans grüne Meer verfügen.
SPHINX. Laß dich, Edler, nicht betrügen.
        Statt daß Ulyß sich binden ließ,   7210
        Laß unsern guten Rat dich binden;
        Kannst du den hohen Chiron finden,
        Erfährst du, was ich dir verhieß.
        (Faust entfernt sich.)
MEPHISTOPHELES *(verdrießlich)*.
        Was krächzt vorbei mit Flügelschlag?
        So schnell, daß man's nicht sehen mag,   7215
        Und immer eins dem andern nach,
        Den Jäger würden sie ermüden.
SPHINX.
        Dem Sturm des Winterwinds vergleichbar,
        Alcides' Pfeilen kaum erreichbar;
        Es sind die raschen Stymphaliden,   7220
        Und wohlgemeint ihr Krächzegruß,
        Mit Geierschnabel und Gänsefuß,
        Sie möchten gern in unsern Kreisen
        Als Stammverwandte sich erweisen.
MEPHISTOPHELES *(wie verschüchtert)*.
        Noch andres Zeug zischt zwischen drein.   7225
SPHINX. Vor diesen sei Euch ja nicht bange!
        Es sind die Köpfe der lernäischen Schlange,
        Vom Rumpf getrennt, und glauben was zu sein.
        Doch sagt, was soll nur aus Euch werden?
        Was für unruhige Gebärden?   7230
        Wo wollt Ihr hin? Begebt Euch fort! . . .
        Ich sehe, jener Chorus dort
        Macht Euch zum Wendehals. Bezwingt Euch nicht,
        Geht hin! begrüßt manch reizendes Gesicht!
        Die Lamien sind's, lustfeine Dirnen,   7235
        Mit Lächelmund und frechen Stirnen,
        Wie sie dem Satyrvolk behagen;
        Ein Bocksfuß darf dort alles wagen.

Doch ließ ich meine Kunst zuletzt
Den Wurzelweibern und den Pfaffen.

FAUST. Du bist der wahre große Mann,
Der Lobeswort nicht hören kann.
Er sucht bescheiden auszuweichen   7355
Und tut, als gäb es seinesgleichen.

CHIRON. Du scheinest mir geschickt zu heucheln,
Dem Fürsten wie dem Volk zu schmeicheln.

FAUST. So wirst du mir denn doch gestehn:
Du hast die Größten deiner Zeit gesehn,   7360
Dem Edelsten in Taten nachgestrebt,
Halbgöttlich ernst die Tage durchgelebt.
Doch unter den heroischen Gestalten
Wen hast du für den Tüchtigsten gehalten?

CHIRON. Im hehren Argonautenkreise   7365
War jeder brav nach seiner eignen Weise,
Und nach der Kraft, die ihn beseelte,
Konnt er genügen, wo's den andern fehlte.
Die Dioskuren haben stets gesiegt,
Wo Jugendfüll und Schönheit überwiegt.   7370
Entschluß und schnelle Tat zu andrer Heil,
Den Boreaden ward's zum schönen Teil.
Nachsinnend, kräftig, klug, im Rat bequem,
So herrschte Jason, Frauen angenehm.
Dann Orpheus, zart und immer still bedächtig,   7375
Schlug er die Leier allen übermächtig.
Scharfsichtig Lynceus, der bei Tag und Nacht
Das heil'ge Schiff durch Klipp und Strand gebracht.
Gesellig nur läßt sich Gefahr erproben:
Wenn einer wirkt, die andern alle loben.   7380

FAUST. Von Herkules willst du nichts erwähnen?

CHIRON. O weh! errege nicht mein Sehnen ...
Ich hatte Phöbus nie gesehn,
Noch Ares, Hermes, wie sie heißen;
Da sah ich mir vor Augen stehn,   7385
Was alle Menschen göttlich preisen.
So war er ein geborner König,
Als Jüngling herrlichst anzuschaun;
Dem ältern Bruder untertänig
Und auch den allerliebsten Fraun.   7390
Den zweiten zeugt nicht Gäa wieder,

MEPHISTOPHELES.
Ihr bleibt doch hier? daß ich euch wiederfinde.

SPHINXE.
Ja! Mische dich zum luftigen Gesinde.   7240
Wir, von Ägypten her, sind längst gewohnt,
Daß unsereins in tausend Jahre thront.
Und respektiert nur unsre Lage,
So regeln wir die Mond- und Sonnentage.
Sitzen vor den Pyramiden,   7245
Zu der Völker Hochgericht;
Überschwemmung, Krieg und Frieden –
Und verziehen kein Gesicht.

Peneios,
umgeben von Gewässern und Nymphen.

PENEIOS. Rege dich, du Schilfgeflüster!
Hauche leise, Rohrgeschwister,   7250
Säuselt, leichte Weidensträuche,
Lispelt, Pappelzitterzweige,
Unterbrochnen Träumen zu! . . .
Weckt mich doch ein grauslich Wittern,
Heimlich allbewegend Zittern   7255
Aus dem Wallestrom und Ruh.

FAUST *(an den Fluß tretend).*
Hör ich recht, so muß ich glauben:
Hinter den verschränkten Lauben
Dieser Zweige, dieser Stauden
Tönt ein menschenähnlichs Lauten.   7260
Scheint die Welle doch ein Schwätzen,
Lüftlein wie – ein Scherzergetzen.

NYMPHEN *(zu Faust).* Am besten geschäh dir,
    Du legtest dich nieder,
    Erholtest im Kühlen   7265
    Ermüdete Glieder,
    Genössest der immer
    Dich meidenden Ruh;
    Wir säuseln, wir rieseln,
    Wir flüstern dir zu.   7270

FAUST. Ich wache ja! O laßt sie walten,
Die unvergleichlichen Gestalten,

Wie sie dorthin mein Auge schickt.
So wunderbar bin ich durchdrungen!
Sind's Träume? Sind's Erinnerungen?   7275
Schon einmal warst du so beglückt.
Gewässer schleichen durch die Frische
Der dichten, sanft bewegten Büsche,
Nicht rauschen sie, sie rieseln kaum;
Von allen Seiten hundert Quellen   7280
Vereinen sich im reinlich hellen,
Zum Bade flach vertieften Raum.
Gesunde junge Frauenglieder,
Vom feuchten Spiegel doppelt wieder
Ergetztem Auge zugebracht!   7285
Gesellig dann und fröhlich badend,
Erdreistet schwimmend, furchtsam watend;
Geschrei zuletzt und Wasserschlacht.
Begnügen sollt ich mich an diesen,
Mein Auge sollte hier genießen,   7290
Doch immer weiter strebt mein Sinn.
Der Blick dringt scharf nach jener Hülle,
Das reiche Laub der grünen Fülle
Verbirgt die hohe Königin.

Wundersam! auch Schwäne kommen   7295
Aus den Buchten hergeschwommen,
Majestätisch rein bewegt.
Ruhig schwebend, zart gesellig,
Aber stolz und selbstgefällig,
Wie sich Haupt und Schnabel regt . . .   7300
Einer aber scheint vor allen
Brüstend kühn sich zu gefallen,
Segelnd rasch durch alle fort;
Sein Gefieder bläht sich schwellend,
Welle selbst, auf Wogen wellend,   7305
Dringt er zu dem heiligen Ort . . .
Die andern schwimmen hin und wider
Mit ruhig glänzendem Gefieder,
Bald auch in regem prächtigen Streit
Die scheuen Mädchen abzulenken,   7310
Daß sie an ihren Dienst nicht denken,
Nur an die eigne Sicherheit.

NYMPHEN. Leget, Schwestern, euer Ohr
    An des Ufers grüne Stufe;
    Hör ich recht, so kommt mir's vor
    Als der Schall von Pferdes Hufe.
    Wüßt ich nur, wer dieser Nacht
    Schnelle Botschaft zugebracht.
FAUST. Ist mir doch, als dröhnt' die Erde,
    Schallend unter eiligem Pferde.
    Dorthin mein Blick!
    Ein günstiges Geschick,
    Soll es mich schon erreichen?
    O Wunder ohnegleichen!
    Ein Reuter kommt herangetrabt,
    Er scheint von Geist und Mut begabt,
    Von blendend-weißem Pferd getragen . . .
    Ich irre nicht, ich kenn ihn schon,
    Der Philyra berühmter Sohn! –
    Halt, Chiron! halt! Ich habe dir zu sagen . . .
CHIRON. Was gibt's? Was ist's?
FAUST.   Bezähme deinen Schritt!
CHIRON. Ich raste nicht.
FAUST.   So bitte! nimm mich mit!
CHIRON. Sitz auf! so kann ich nach Belieben fragen:
    Wohin des Wegs? Du stehst am Ufer hier,
    Ich bin bereit, dich durch den Fluß zu tragen.
FAUST *(aufsitzend)*.
    Wohin du willst. Für ewig dank ich's dir . . .
    Der große Mann, der edle Pädagog,
    Der, sich zum Ruhm, ein Heldenvolk erzog,
    Den schönen Kreis der edlen Argonauten
    Und alle, die des Dichters Welt erbauten.
CHIRON. Das lassen wir an seinem Ort!
    Selbst Pallas kommt als Mentor nicht zu Ehren;
    Am Ende treiben sie's nach ihrer Weise fort,
    Als wenn sie nicht erzogen wären.
FAUST. Den Arzt, der jede Pflanze nennt,
    Die Wurzeln bis ins Tiefste kennt,
    Dem Kranken Heil, dem Wunden Lindrung schafft,
    Umarm ich hier in Geist- und Körperkraft!
CHIRON. Ward neben mir ein Held verletzt,
    Da wußt ich Hülf und Rat zu schaffen!

Nicht führt ihn Hebe himmelein;
Vergebens mühen sich die Lieder,
Vergebens quälen sie den Stein.
FAUST. So sehr auch Bildner auf ihn pochen,   7395
So herrlich kam er nie zur Schau.
Vom schönsten Mann hast du gesprochen,
Nun sprich auch von der schönsten Frau!
CHIRON. Was! ... Frauenschönheit will nichts heißen,
Ist gar zu oft ein starres Bild;   7400
Nur solch ein Wesen kann ich preisen,
Das froh und lebenslustig quillt.
Die Schöne bleibt sich selber selig;
Die Anmut macht unwiderstehlich,
Wie Helena, da ich sie trug.   7405
FAUST. Du trugst sie?
CHIRON.   Ja, auf diesem Rücken.
FAUST. Bin ich nicht schon verwirrt genug,
Und solch ein Sitz muß mich beglücken!
CHIRON. Sie faßte so mich in das Haar,
Wie du es tust.
FAUST.   O ganz und gar   7410
Verlier ich mich! Erzähle, wie?
Sie ist mein einziges Begehren!
Woher, wohin, ach, trugst du sie?
CHIRON. Die Frage läßt sich leicht gewähren.
Die Dioskuren hatten jener Zeit   7415
Das Schwesterchen aus Räuberfaust befreit.
Doch diese, nicht gewohnt, besiegt zu sein,
Ermannten sich und stürmten hinterdrein.
Da hielten der Geschwister eiligen Lauf
Die Sümpfe bei Eleusis auf;   7420
Die Brüder wateten, ich patschte, schwamm hinüber;
Da sprang sie ab und streichelte
Die feuchte Mähne, schmeichelte
Und dankte lieblich-klug und selbstbewußt.
Wie war sie reizend! jung, des Alten Lust!   7425
FAUST. Erst zehen Jahr! ...
CHIRON.   Ich seh, die Philologen,
Sie haben dich so wie sich selbst betrogen.
Ganz eigen ist's mit mythologischer Frau;
Der Dichter bringt sie, wie er's braucht, zur Schau:

Nie wird sie mündig, wird nicht alt,   7430
Stets appetitlicher Gestalt,
Wird jung entführt, im Alter noch umfreit;
Gnug, den Poeten bindet keine Zeit.
FAUST. So sei auch sie durch keine Zeit gebunden!
Hat doch Achill auf Pherä sie gefunden,   7435
Selbst außer aller Zeit. Welch seltnes Glück:
Errungen Liebe gegen das Geschick!
Und sollt *ich* nicht, sehnsüchtigster Gewalt,
Ins Leben ziehn die einzigste Gestalt?
Das ewige Wesen, Göttern ebenbürtig,   7440
So groß als zart, so hehr als liebenswürdig?
Du sahst sie einst; *heut* hab ich sie gesehn,
So schön wie reizend, wie ersehnt so schön.
Nun ist mein Sinn, mein Wesen streng umfangen;
Ich lebe nicht, kann ich sie nicht erlangen.   7445
CHIRON. Mein fremder Mann! als Mensch bist du entzückt;
Doch unter Geistern scheinst du wohl verrückt.
Nun trifft sich's hier zu deinem Glücke;
Denn alle Jahr, nur wenig Augenblicke,
Pfleg ich bei Manto vorzutreten,   7450
Der Tochter Äskulaps; im stillen Beten
Fleht sie zum Vater, daß, zu seiner Ehre,
Er endlich doch der Ärzte Sinn verkläre
Und vom verwegnen Totschlag sie bekehre ...
Die liebste mir aus der Sibyllengilde,   7455
Nicht fratzenhaft bewegt, wohltätig milde;
Ihr glückt es wohl, bei einigem Verweilen,
Mit Wurzelkräften dich von Grund zu heilen.
FAUST. Geheilt will ich nicht sein, mein Sinn ist mächtig;
Da wär ich ja wie andre niederträchtig.   7460
CHIRON. Versäume nicht das Heil der edlen Quelle!
Geschwind herab! Wir sind zur Stelle.
FAUST. Sag an! Wohin hast du, in grauser Nacht,
Durch Kiesgewässer mich ans Land gebracht?
CHIRON. Hier trotzten Rom und Griechenland im Streite,   7465
Peneios rechts, links den Olymp zur Seite,
Das größte Reich, das sich im Sand verliert;
Der König flieht, der Bürger triumphiert.
Blick auf! hier steht, bedeutend nah,
Im Mondenschein der ewige Tempel da.   7470

MANTO *(inwendig träumend).*
        Von Pferdes Hufe
        Erklingt die heilige Stufe,
        Halbgötter treten heran.
CHIRON.   Ganz recht!
        Nur die Augen aufgetan!   7475
MANTO *(erwachend).*
  Willkommen! ich seh, du bleibst nicht aus.
CHIRON. Steht dir doch auch dein Tempelhaus!
MANTO. Streifst du noch immer unermüdet?
CHIRON. Wohnst du doch immer still umfriedet,
  Indes zu kreisen mich erfreut.   7480
MANTO. Ich harre, mich umkreist die Zeit.
  Und dieser?
CHIRON.   Die verrufene Nacht
  Hat strudelnd ihn hierher gebracht.
  Helenen, mit verrückten Sinnen,
  Helenen will er sich gewinnen,   7485
  Und weiß nicht, wie und wo beginnen;
  Asklepischer Kur vor andern wert.
MANTO. Den lieb ich, der Unmögliches begehrt.
  (Chiron ist schon weit weg.)
  Tritt ein, Verwegner, sollst dich freuen;
  Der dunkle Gang führt zu Persephoneien.   7490
  In des Olympus hohlem Fuß
  Lauscht sie geheim verbotnem Gruß.
  Hier hab ich einst den Orpheus eingeschwärzt;
  Benutz es besser, frisch! beherzt!
  (Sie steigen hinab.)

                    Am obern Peneios
                      wie zuvor.

SIRENEN. Stürzt euch in Peneios' Flut!   7495
        Plätschernd ziemt es da zu schwimmen,
        Lied um Lieder anzustimmen,
        Dem unseligen Volk zugut.
        Ohne Wasser ist kein Heil!
        Führen wir mit hellem Heere   7500
        Eilig zum Ägäischen Meere,
        Würd uns jede Lust zuteil.

(*Erdbeben.*)
Schäumend kehrt die Welle wieder,
Fließt nicht mehr im Bett darnieder;
Grund erbebt, das Wasser staucht,   7505
Kies und Ufer berstend raucht.
Flüchten wir! Kommt alle, kommt!
Niemand, dem das Wunder frommt.

Fort! ihr edlen frohen Gäste,
Zu dem seeisch heitern Feste,   7510
Blinkend, wo die Zitterwellen,
Ufernetzend, leise schwellen,
Da, wo Luna doppelt leuchtet,
Uns mit heil'gem Tau befeuchtet.
Dort ein freibewegtes Leben,   7515
Hier ein ängstlich Erde-Beben;
Eile jeder Kluge fort!
Schauderhaft ist's um den Ort.

SEISMOS (*in der Tiefe brummend und polternd*).
Einmal noch mit Kraft geschoben,
Mit den Schultern brav gehoben!   7520
So gelangen wir nach oben,
Wo uns alles weichen muß.

SPHINXE. Welch ein widerwärtig Zittern,
Häßlich grausenhaftes Wittern!
Welch ein Schwanken, welches Beben,   7525
Schaukelnd Hin- und Widerstreben!
Welch unleidlicher Verdruß!
Doch wir ändern nicht die Stelle,
Bräche los die ganze Hölle.

Nun erhebt sich ein Gewölbe   7530
Wundersam. Es ist derselbe,
Jener Alte, längst Ergraute,
Der die Insel Delos baute,
Einer Kreißenden zulieb
Aus der Wog empor sie trieb.   7535
Er, mit Streben, Drängen, Drücken,
Arme straff, gekrümmt den Rücken,
Wie ein Atlas an Gebärde,
Hebt er Boden, Rasen, Erde,
Kies und Grieß und Sand und Letten,   7540

      Unsres Ufers stille Betten.
      So zerreißt er eine Strecke
      Quer des Tales ruhige Decke.
      Angestrengtest, nimmer müde,
      Kolossale Karyatide,   7545
      Trägt ein furchtbar Steingerüste,
      Noch im Boden bis zur Büste;
      Weiter aber soll's nicht kommen,
      Sphinxe haben Platz genommen.
SEISMOS. Das hab ich ganz allein vermittelt,   7550
      Man wird mir's endlich zugestehn;
      Und hätt ich nicht geschüttelt und gerüttelt,
      Wie wäre diese Welt so schön? –
      Wie ständen eure Berge droben
      In prächtig-reinem Ätherblau,   7555
      Hätt ich sie nicht hervorgeschoben
      Zu malerisch-entzückter Schau!
      Als, angesichts der höchsten Ahnen,
      Der Nacht, des Chaos, ich mich stark betrug
      Und, in Gesellschaft von Titanen,   7560
      Mit Pelion und Ossa als mit Ballen schlug.
      Wir tollten fort in jugendlicher Hitze,
      Bis überdrüssig noch zuletzt
      Wir dem Parnaß, als eine Doppelmütze,
      Die beiden Berge frevelnd aufgesetzt . . .   7565
      Apollen hält ein froh Verweilen
      Dort nun mit seliger Musen Chor.
      Selbst Jupitern und seinen Donnerkeilen
      Hob ich den Sessel hoch empor.
      Jetzt so, mit ungeheurem Streben,   7570
      Drang aus dem Abgrund ich herauf
      Und fordre laut, zu neuem Leben,
      Mir fröhliche Bewohner auf.
SPHINXE. Uralt, müßte man gestehen,
      Sei das hier Emporgebürgte,   7575
      Hätten wir nicht selbst gesehen,
      Wie sich's aus dem Boden würgte.
      Bebuschter Wald verbreitet sich hinan,
      Noch drängt sich Fels auf Fels bewegt heran;
      Ein Sphinx wird sich daran nicht kehren: 7580
      Wir lassen uns im heiligen Sitz nicht stören.

GREIFE. Gold in Blättchen, Gold in Flittern
　　　　Durch die Ritzen seh ich zittern.
　　　　Laßt euch solchen Schatz nicht rauben;
　　　　Imsen, auf! es auszuklauben.　　　　　　　7585
CHOR DER AMEISEN.
　　　　　　　Wie ihn die Riesigen
　　　　　　　Empor geschoben,
　　　　　　　Ihr Zappelfüßigen,
　　　　　　　Geschwind nach oben!
　　　　　　　Behendest aus und ein!　　　　　　7590
　　　　　　　In solchen Ritzen
　　　　　　　Ist jedes Bröselein
　　　　　　　Wert, zu besitzen.
　　　　　　　Das Allermindeste
　　　　　　　Müßt ihr entdecken　　　　　　　　7595
　　　　　　　Auf das geschwindeste
　　　　　　　In allen Ecken.
　　　　　　　Allemsig müßt ihr sein,
　　　　　　　Ihr Wimmelscharen;
　　　　　　　Nur mit dem Gold herein!　　　　　7600
　　　　　　　Den Berg laßt fahren.
GREIFE. Herein! Herein! Nur Gold zuhauf!
　　　　Wir legen unsre Klauen drauf;
　　　　Sind Riegel von der besten Art,
　　　　Der größte Schatz ist wohlverwahrt.　　7605
PYGMÄEN. Haben wirklich Platz genommen,
　　　　Wissen nicht, wie es geschah.
　　　　Fraget nicht, woher wir kommen,
　　　　Denn wir sind nun einmal da!
　　　　Zu des Lebens lustigem Sitze　　　　　7610
　　　　Eignet sich ein jedes Land;
　　　　Zeigt sich eine Felsenritze,
　　　　Ist auch schon der Zwerg zur Hand.
　　　　Zwerg und Zwergin, rasch zum Fleiße,
　　　　Musterhaft ein jedes Paar;　　　　　　7615
　　　　Weiß nicht, ob es gleicherweise
　　　　Schon im Paradiese war.
　　　　Doch wir finden's hier zum besten,
　　　　Segnen dankbar unsern Stern;
　　　　Denn im Osten wie im Westen　　　　　7620
　　　　Zeugt die Mutter Erde gern.

DAKTYLE. Hat sie in einer Nacht
　　　　　Die Kleinen hervorgebracht,
　　　　　Sie wird die Kleinsten erzeugen;
　　　　　Finden auch ihresgleichen.　　　　　　　　7625

PYGMÄEN-ÄLTESTE. Eilet, bequemen
　　　　　Sitz einzunehmen!
　　　　　Eilig zum Werke;
　　　　　Schnelle für Stärke!
　　　　　Noch ist es Friede;　　　　　　　　　　7630
　　　　　Baut euch die Schmiede,
　　　　　Harnisch und Waffen
　　　　　Dem Heer zu schaffen.

　　　　　Ihr Imsen alle,
　　　　　Rührig im Schwalle,　　　　　　　　　7635
　　　　　Schafft uns Metalle!
　　　　　Und ihr Daktyle,
　　　　　Kleinste, so viele,
　　　　　Euch sei befohlen,
　　　　　Hölzer zu holen!　　　　　　　　　　7640
　　　　　Schichtet zusammen
　　　　　Heimliche Flammen,
　　　　　Schaffet uns Kohlen!

GENERALISSIMUS. Mit Pfeil und Bogen
　　　　　Frisch ausgezogen!　　　　　　　　　7645
　　　　　An jenem Weiher
　　　　　Schießt mir die Reiher,
　　　　　Unzählig nistende,
　　　　　Hochmütig brüstende,
　　　　　Auf einen Ruck!　　　　　　　　　　7650
　　　　　Alle wie *einen*!
　　　　　Daß wir erscheinen
　　　　　Mit Helm und Schmuck.

IMSEN und DAKTYLE. Wer wird uns retten!
　　　　　Wir schaffen 's Eisen,　　　　　　　　7655
　　　　　Sie schmieden Ketten.
　　　　　Uns los zu reißen,
　　　　　Ist noch nicht zeitig,
　　　　　Drum seid geschmeidig.

DIE KRANICHE DES IBYKUS. Mordgeschrei und Sterbeklagen!
　　　Ängstlich Flügelflatterschlagen!　　　　　　7661

Welch ein Ächzen, welch Gestöhn
Dringt herauf zu unsern Höhn!
Alle sind sie schon ertötet,
See von ihrem Blut gerötet; 7665
Mißgestaltete Begierde
Raubt des Reihers edle Zierde.
Weht sie doch schon auf dem Helme
Dieser Fettbauch-Krummbein-Schelme.
Ihr Genossen unsres Heeres, 7670
Reihenwanderer des Meeres,
Euch berufen wir zur Rache
In so nahverwandter Sache;
Keiner spare Kraft und Blut,
Ewige Feindschaft dieser Brut! 7675
(*Zerstreuen sich krächzend in den Lüften.*)

MEPHISTOPHELES (*in der Ebne*).
Die nordischen Hexen wußt ich wohl zu meistern,
Mir wird's nicht just mit diesen fremden Geistern.
Der Blocksberg bleibt ein gar bequem Lokal,
Wo man auch sei, man findet sich zumal.
Frau *Ilse* wacht für uns auf ihrem *Stein*, 7680
Auf seiner *Höh* wird *Heinrich* munter sein,
Die *Schnarcher* schnauzen zwar das *Elend* an,
Doch alles ist für tausend Jahr getan.
Wer weiß denn hier nur, wo er geht und steht,
Ob unter ihm sich nicht der Boden bläht? . . . 7685
Ich wandle lustig durch ein glattes Tal,
Und hinter mir erhebt sich auf einmal
Ein Berg, zwar kaum ein Berg zu nennen,
Von meinen Sphinxen mich jedoch zu trennen
Schon hoch genug – hier zuckt noch manches Feuer 7690
Das Tal hinab und flammt ums Abenteuer . . .
Noch tanzt und schwebt mir lockend, weichend vor,
Spitzbübisch gaukelnd, der galante Chor.
Nur sachte drauf! Allzugewohnt ans Naschen,
Wo es auch sei, man sucht was zu erhaschen. 7695

LAMIEN (*Mephistopheles nach sich ziehend*).
Geschwind, geschwinder!
Und immer weiter!
Dann wieder zaudernd,
Geschwätzig plaudernd.

    Es ist so heiter, 7700
    Den alten Sünder
    Uns nach zu ziehen,
    Zu schwerer Buße.
    Mit starrem Fuße
    Kommt er geholpert, 7705
    Einher gestolpert;
    Er schleppt das Bein,
    Wie wir ihn fliehen,
    Uns hinterdrein!

MEPHISTOPHELES *(stillstehend)*.
  Verflucht Geschick! Betrogne Mannsen! 7710
  Von Adam her verführte Hansen!
  Alt wird man wohl, wer aber klug?
  Warst du nicht schon vernarrt genug!

  Man weiß, das Volk taugt aus dem Grunde nichts,
  Geschnürten Leibs, geschminkten Angesichts. 7715
  Nichts haben sie Gesundes zu erwidern,
  Wo man sie anfaßt, morsch in allen Gliedern.
  Man weiß, man sieht's, man kann es greifen,
  Und dennoch tanzt man, wenn die Luder pfeifen!

LAMIEN *(innehaltend)*.
  Halt! er besinnt sich, zaudert, steht; 7720
  Entgegnet ihm, daß er euch nicht entgeht!

MEPHISTOPHELES *(fortschreitend)*.
  Nur zu! und laß dich ins Gewebe
  Der Zweifelei nicht törig ein;
  Denn wenn es keine Hexen gäbe,
  Wer Teufel möchte Teufel sein! 7725

LAMIEN *(anmutigst)*. Kreisen wir um diesen Helden;
  Liebe wird in seinem Herzen
  Sich gewiß für eine melden.

MEPHISTOPHELES. Zwar bei ungewissem Schimmer
  Scheint ihr hübsche Frauenzimmer, 7730
  Und so möcht ich euch nicht schelten.

EMPUSE *(eindringend)*.
  Auch nicht mich! als eine solche
  Laßt mich ein in eure Folge.

LAMIEN. Die ist in unserm Kreis zuviel,
  Verdirbt doch immer unser Spiel. 7735

EMPUSE *(zu Mephistopheles).*
    Begrüßt von Mühmichen Empuse,
    Der Trauten mit dem Eselsfuße;
    Du hast nur einen Pferdefuß,
    Und doch, Herr Vetter, schönsten Gruß!
MEPHISTOPHELES.
    Hier dacht ich lauter Unbekannte   7740
    Und finde leider Nahverwandte;
    Es ist ein altes Buch zu blättern:
    Vom Harz bis Hellas immer Vettern!
EMPUSE. Entschieden weiß ich gleich zu handeln,
    In vieles könnt ich mich verwandeln;   7745
    Doch Euch zu Ehren hab ich jetzt
    Das Eselsköpfchen aufgesetzt.
MEPHISTOPHELES. Ich merk, es hat bei diesen Leuten
    Verwandtschaft Großes zu bedeuten;
    Doch mag sich, was auch will, eräugnen,   7750
    Den Eselskopf möcht ich verleugnen.
LAMIEN. Laß diese Garstige, sie verscheucht,
    Was irgend schön und lieblich deucht;
    Was irgend schön und lieblich wär –
    Sie kommt heran, es ist nicht mehr!   7755
MEPHISTOPHELES.
    Auch diese Mühmchen, zart und schmächtig,
    Sie sind mir allesamt verdächtig;
    Und hinter solcher Wänglein Rosen
    Fürcht ich doch auch Metamorphosen.
LAMIEN. Versuch es doch! sind unsrer viele.   7760
    Greif zu! Und hast du Glück im Spiele,
    Erhasche dir das beste Los.
    Was soll das lüsterne Geleier?
    Du bist ein miserabler Freier,
    Stolzierst einher und tust so groß! –   7765
    Nun mischt er sich in unsre Scharen;
    Laßt nach und nach die Masken fahren
    Und gebt ihm euer Wesen bloß.
MEPHISTOPHELES. Die Schönste hab ich mir erlesen ...
    (Sie umfassend.) O weh mir! welch ein dürrer Besen!   7770
    (Eine andere ergreifend.)
    Und diese? ... Schmähliches Gesicht!
LAMIEN. Verdienst du's besser? dünk es nicht.

MEPHISTOPHELES.

   Die Kleine möcht ich mir verpfänden . . .
   Lacerte schlüpft mir aus den Händen!
   Und schlangenhaft der glatte Zopf.   7775
   Dagegen faß ich mir die Lange . . .
   Da pack ich eine Thyrsusstange,
   Den Pinienapfel als den Kopf!
   Wo will's hinaus? . . . Noch eine Dicke,
   An der ich mich vielleicht erquicke;   7780
   Zum letztenmal gewagt! Es sei!
   Recht quammig, quappig, das bezahlen
   Mit hohem Preis Orientalen . . .
   Doch ach! der Bovist platzt entzwei!

LAMIEN. Fahrt auseinander, schwankt und schwebet   7785
   Blitzartig, schwarzen Flugs umgebet
   Den eingedrungnen Hexensohn!
   Unsichre, schauderhafte Kreise!
   Schweigsamen Fittichs, Fledermäuse!
   Zu wohlfeil kommt er doch davon.   7790

MEPHISTOPHELES *(sich schüttelnd)*.

   Viel klüger, scheint es, bin ich nicht geworden;
   Absurd ist's hier, absurd im Norden,
   Gespenster hier wie dort vertrackt,
   Volk und Poeten abgeschmackt.
   Ist eben hier eine Mummenschanz,   7795
   Wie überall, ein Sinnentanz.
   Ich griff nach holden Maskenzügen
   Und faßte Wesen, daß mich's schauerte . . .
   Ich möchte gerne mich betrügen,
   Wenn es nur länger dauerte.   7800
   (Sich zwischen dem Gestein verirrend.)
   Wo bin ich denn? Wo will's hinaus?
   Das war ein Pfad, nun ist's ein Graus.
   Ich kam daher auf glatten Wegen,
   Und jetzt steht mir Geröll entgegen.
   Vergebens klettr ich auf und nieder,   7805
   Wo find ich meine Sphinxe wieder?
   So toll hätt ich mir's nicht gedacht,
   Ein solch Gebirg in *einer* Nacht!
   Das heiß ich frischen Hexenritt,
   Die bringen ihren Blocksberg mit.   7810

OREAS *(vom Naturfels).*
　　Herauf hier! Mein Gebirg ist alt,
　　Steht in ursprünglicher Gestalt.
　　Verehre schroffe Felsensteige,
　　Des Pindus letztgedehnte Zweige.
　　Schon stand ich unerschüttert so,　　　　　　　　7815
　　Als über mich Pompejus floh.
　　Daneben das Gebild des Wahns
　　Verschwindet schon beim Krähn des Hahns.
　　Dergleichen Märchen seh ich oft entstehn
　　Und plötzlich wieder untergehn.　　　　　　　　7820
MEPHISTOPHELES. Sei Ehre dir, ehrwürdiges Haupt,
　　Von hoher Eichenkraft umlaubt!
　　Der allerklarste Mondenschein
　　Dringt nicht zur Finsternis herein. –
　　Doch neben am Gebüsche zieht　　　　　　　　7825
　　Ein Licht, das gar bescheiden glüht.
　　Wie sich das alles fügen muß!
　　Fürwahr, es ist Homunculus!
　　Woher des Wegs, du Kleingeselle?
HOMUNCULUS. Ich schwebe so von Stell zu Stelle　　7830
　　Und möchte gern im besten Sinn entstehn,
　　Voll Ungeduld, mein Glas entzwei zu schlagen;
　　Allein, was ich bisher gesehn,
　　Hinein da möcht ich mich nicht wagen.
　　Nur, um dir's im Vertraun zu sagen:　　　　　　7835
　　Zwei Philosophen bin ich auf der Spur,
　　Ich horchte zu, es hieß: Natur! Natur!
　　Von diesen will ich mich nicht trennen,
　　Sie müssen doch das irdische Wesen kennen;
　　Und ich erfahre wohl am Ende,　　　　　　　　7840
　　Wohin ich mich am allerklügsten wende.
MEPHISTOPHELES. Das tu auf deine eigne Hand.
　　Denn wo Gespenster Platz genommen,
　　Ist auch der Philosoph willkommen.
　　Damit man seiner Kunst und Gunst sich freue,　　7845
　　Erschafft er gleich ein Dutzend neue.
　　Wenn du nicht irrst, kommst du nicht zu Verstand!
　　Willst du entstehn, entsteh auf eigne Hand!
HOMUNCULUS.
　　Ein guter Rat ist auch nicht zu verschmähn.

MEPHISTOPHELES.
  So fahre hin! Wir wollen's weiter sehn. 7850
  (Trennen sich.)
ANAXAGORAS *(zu Thales).*
  Dein starrer Sinn will sich nicht beugen;
  Bedarf es Weitres, dich zu überzeugen?
THALES. Die Welle beugt sich jedem Winde gern,
  Doch hält sie sich vom schroffen Felsen fern.
ANAXAGORAS.
  Durch Feuerdunst ist dieser Fels zu Handen. 7855
THALES. Im Feuchten ist Lebendiges erstanden.
HOMUNCULUS *(zwischen beiden).*
  Laßt mich an eurer Seite gehn,
  Mir selbst gelüstet's, zu entstehn!
ANAXAGORAS. Hast du, o Thales, je in *einer* Nacht
  Solch einen Berg aus Schlamm hervorgebracht? 7860
THALES. Nie war Natur und ihr lebendiges Fließen
  Auf Tag und Nacht und Stunden angewiesen.
  Sie bildet regelnd jegliche Gestalt,
  Und selbst im Großen ist es nicht Gewalt.
ANAXAGORAS.
  Hier aber war's! Plutonisch grimmig Feuer, 7865
  Äolischer Dünste Knallkraft ungeheuer
  Durchbrach des flachen Bodens alte Kruste,
  Daß neu ein Berg sogleich entstehen mußte.
THALES. Was wird dadurch nun weiter fortgesetzt?
  Er ist auch da, und das ist gut zuletzt. 7870
  Mit solchem Streit verliert man Zeit und Weile
  Und führt doch nur geduldig Volk am Seile.
ANAXAGORAS.
  Schnell quillt der Berg von Myrmidonen,
  Die Felsenspalten zu bewohnen;
  Pygmäen, Imsen, Däumerlinge 7875
  Und andre tätig kleine Dinge.
  (Zum Homunculus.) Nie hast du Großem nachgestrebt,
  Einsiedlerisch-beschränkt gelebt;
  Kannst du zur Herrschaft dich gewöhnen,
  So laß ich dich als König krönen. 7880
HOMUNCULUS. Was sagt mein Thales?
THALES.   Will's nicht raten;
  Mit Kleinen tut man kleine Taten,

Mit Großen wird der Kleine groß.
Sieh hin! die schwarze Kranichwolke!
Sie droht dem aufgeregten Volke   7885
Und würde so dem König drohn.
Mit scharfen Schnäbeln, krallen Beinen,
Sie stechen nieder auf die Kleinen;
Verhängnis wetterleuchtet schon.
Ein Frevel tötete die Reiher,   7890
Umstellend ruhigen Friedensweiher.
Doch jener Mordgeschosse Regen
Schafft grausam-blut'gen Rachesegen,
Erregt der Nahverwandten Wut
Nach der Pygmäen frevlem Blut.   7895
Was nützt nun Schild und Helm und Speer?
Was hilft der Reiherstrahl den Zwergen?
Wie sich Daktyl und Imse bergen!
Schon wankt, es flieht, es stürzt das Heer.

ANAXAGORAS *(nach einer Pause feierlich).*
Konnt ich bisher die Unterirdischen loben,   7900
So wend ich mich in diesem Fall nach oben . . .
Du! droben ewig Unveraltete,
Dreinamig-Dreigestaltete,
Dich ruf ich an bei meines Volkes Weh,
Diana, Luna, Hekate!   7905
Du Brusterweiternde, im Tiefsten Sinnige,
Du Ruhigscheinende, Gewaltsam-Innige,
Eröffne deiner Schatten grausen Schlund,
Die alte Macht sei ohne Zauber kund! *(Pause.)*
       Bin ich zu schnell erhört?   7910
       Hat mein Flehn
       Nach jenen Höhn
       Die Ordnung der Natur gestört?
Und größer, immer größer nahet schon
Der Göttin rundumschriebner Thron,   7915
Dem Auge furchtbar, ungeheuer!
Ins Düstre rötet sich sein Feuer . . .
Nicht näher! drohend-mächtige Runde,
Du richtest uns und Land und Meer zugrunde!
So wär es wahr, daß dich thessalische Frauen   7920
In frevlend magischem Vertrauen
Von deinem Pfad herabgesungen?

PHORKYADEN.
　Im neuen Drei der Schwestern welche Schöne!　8030
　Wir haben zwei der Augen, zwei der Zähne.
MEPHISTOPHELES.
　Vor aller Augen muß ich mich verstecken,
　Im Höllenpfuhl die Teufel zu erschrecken. (Ab.)

Felsbuchten des Ägäischen Meers

Mond im Zenit verharrend.

SIRENEN (*auf den Klippen umhergelagert, flötend und singend*).
　Haben sonst bei nächtigem Grauen
　Dich thessalische Zauberfrauen　8035
　Frevelhaft herabgezogen,
　Blicke ruhig von dem Bogen
　Deiner Nacht auf Zitterwogen
　Mildeblitzend Glanzgewimmel
　Und erleuchte das Getümmel,　8040
　Das sich aus den Wogen hebt.
　Dir zu jedem Dienst erbötig,
　Schöne Luna, sei uns gnädig!

NEREIDEN und TRITONEN (*als Meerwunder*).
　Tönet laut in schärfern Tönen,
　Die das breite Meer durchdröhnen,　8045
　Volk der Tiefe ruft fortan!
　Vor des Sturmes grausen Schlünden
　Wichen wir zu stillsten Gründen,
　Holder Sang zieht uns heran.

　Seht, wie wir im Hochentzücken　8050
　Uns mit goldenen Ketten schmücken,
　Auch zu Kron und Edelsteinen
　Spang und Gürtelschmuck vereinen!
　Alles das ist eure Frucht.
　Schätze, scheiternd hier verschlungen,　8055
　Habt ihr uns herangesungen,
　Ihr Dämonen unsrer Bucht.

SIRENEN.　Wissen's wohl, in Meeresfrische
　Glatt behagen sich die Fische,
　Schwanken Lebens ohne Leid;　8060

　Verderblichstes dir abgerungen? . . .
　Das lichte Schild hat sich umdunkelt,
　Auf einmal reißt's und blitzt und funkelt!　7925
　Welch ein Geprassel! Welch ein Zischen!
　Ein Donnern, Windgetüm dazwischen! –
　Demütig zu des Thrones Stufen! –
　Verzeiht! Ich hab es hergerufen.
　(*Wirft sich aufs Angesicht.*)
THALES. Was dieser Mann nicht alles hört' und sah!　7930
　Ich weiß nicht recht, wie uns geschah,
　Auch hab ich's nicht mit ihm empfunden.
　Gestehen wir, es sind verrückte Stunden,
　Und Luna wiegt sich ganz bequem
　An ihrem Platz so wie vordem.　7935
HOMUNCULUS. Schaut hin nach der Pygmäen Sitz!
　Der Berg war rund, jetzt ist er spitz.
　Ich spürt ein ungeheures Prallen,
　Der Fels war aus dem Mond gefallen;
　Gleich hat er, ohne nachzufragen,　7940
　So Freund als Feind gequetscht, erschlagen.
　Doch muß ich solche Künste loben,
　Die schöpferisch, in *einer* Nacht,
　Zugleich von unten und von oben,
　Dies Berggebäu zustand gebracht.　7945
THALES. Sei ruhig! Es war nur gedacht.
　Sie fahre hin, die garstige Brut!
　Daß du nicht König warst, ist gut.
　Nun fort zum heitern Meeresfeste,
　Dort hofft und ehrt man Wundergäste.　7950
　(*Entfernen sich.*)
MEPHISTOPHELES (*an der Gegenseite kletternd*).
　Da muß ich mich durch steile Felsentreppen,
　Durch alter Eichen starre Wurzeln schleppen!
　Auf meinem Harz der harzige Dunst
　Hat was vom Pech, und das hat meine Gunst;
　Zunächst der Schwefel . . . Hier, bei diesen Griechen,　7955
　Ist von dergleichen kaum die Spur zu riechen;
　Neugierig aber wär ich, nachzuspüren,
　Womit sie Höllenqual und -flamme schüren.
DRYAS. In deinem Lande sei einheimisch klug,
　Im fremden bist du nicht gewandt genug.　7960

Du solltest nicht den Sinn zur Heimat kehren,
Der heiligen Eichen Würde hier verehren.
MEPHISTOPHELES. Man denkt an das, was man verließ;
Was man gewohnt war, bleibt ein Paradies.
Doch sagt: was in der Höhle dort, 7965
Bei schwachem Licht, sich dreifach hingekauert?
DRYAS. Die Phorkyaden! Wage dich zum Ort
Und sprich sie an, wenn dich nicht schauert.
MEPHISTOPHELES.
Warum denn nicht! – Ich sehe was, und staune!
So stolz ich bin, muß ich mir selbst gestehn: 7970
Dergleichen hab ich nie gesehn,
Die sind ja schlimmer als Alraune ...
Wird man die urverworfnen Sünden
Im mindesten noch häßlich finden,
Wenn man dies Dreigetüm erblickt? 7975
Wir litten sie nicht auf den Schwellen
Der grauenvollsten unsrer Höllen.
Hier wurzelt's in der Schönheit Land,
Das wird mit Ruhm antik genannt ...
Sie regen sich, sie scheinen mich zu spüren, 7980
Sie zwitschern pfeifend, Fledermaus-Vampyren.
PHORKYAS. Gebt mir das Auge, Schwestern, daß es frage,
Wer sich so nah an unsre Tempel wage.
MEPHISTOPHELES. Verehrteste! Erlaubt mir, euch zu nahen
Und euren Segen dreifach zu empfahn. 7985
Ich trete vor, zwar noch als Unbekannter,
Doch, irr ich nicht, weitläufiger Verwandter.
Altwürdige Götter hab ich schon erblickt,
Vor Ops und Rhea tiefstens mich gebückt;
Die Parzen selbst, des Chaos, eure Schwestern, 7990
Ich sah sie gestern – oder ehegestern;
Doch euresgleichen hab ich nie erblickt,
Ich schweige nun und fühle mich entzückt.
PHORKYADEN. Er scheint Verstand zu haben, dieser Geist.
MEPHISTOPHELES.
Nur wundert's mich, daß euch kein Dichter preist. 7995
Und sagt: wie kam's, wie konnte das geschehn?
Im Bilde hab ich nie euch Würdigste gesehn;
Versuch's der Meißel doch, euch zu erreichen,
Nicht Juno, Pallas, Venus und dergleichen.

PHORKYADEN.
Versenkt in Einsamkeit und stillste Nacht, 8000
Hat unser Drei noch nie daran gedacht!
MEPHISTOPHELES.
Wie sollt es auch? da ihr, der Welt entrückt,
Hier niemand seht und niemand euch erblickt.
Da müßtet ihr an solchen Orten wohnen,
Wo Pracht und Kunst auf gleichem Sitze thronen, 8005
Wo jeden Tag, behend, im Doppelschritt,
Ein Marmorblock als Held ins Leben tritt.
Wo –
PHORKYADEN.
        Schweige still und gib uns kein Gelüsten!
Was hülf es uns, und wenn wir's besser wüßten?
In Nacht geboren, Nächtlichem verwandt, 8010
Beinah uns selbst, ganz allen unbekannt.
MEPHISTOPHELES.
In solchem Fall hat es nicht viel zu sagen,
Man kann sich selbst auch andern übertragen.
Euch Dreien gnügt *ein* Auge, gnügt *ein* Zahn;
Da ging' es wohl auch mythologisch an, 8015
In zwei die Wesenheit der drei zu fassen,
Der Dritten Bildnis mir zu überlassen
Auf kurze Zeit.
EINE.   Wie dünkt's euch? ging' es an?
DIE ANDERN.
Versuchen wir's! – doch ohne Aug und Zahn.
MEPHISTOPHELES.
Nun habt ihr grad das Beste weggenommen, 8020
Wie würde da das strengste Bild vollkommen!
EINE. Drück du ein Auge zu, 's ist leicht geschehn,
Laß alsofort den *einen* Raffzahn sehn,
Und im Profil wirst du sogleich erreichen,
Geschwisterlich vollkommen uns zu gleichen. 8025
MEPHISTOPHELES. Viel Ehr! Es sei!
PHORKYADEN.   Es sei!
MEPHISTOPHELES (*als Phorkyas im Profil*). Da steh ich schon,
Des Chaos vielgeliebter Sohn!
PHORKYADEN. Des Chaos Töchter sind wir unbestritten.
MEPHISTOPHELES.
Man schilt mich nun, o Schmach! Hermaphroditen.

Doch, ihr festlich regen Scharen,
Heute möchten wir erfahren,
Daß ihr mehr als Fische seid.

NEREIDEN und TRITONEN.
Ehe wir hieher gekommen,
Haben wir's zu Sinn genommen;   8065
Schwestern, Brüder, jetzt geschwind!
Heut bedarf's der kleinsten Reise
Zum vollgültigsten Beweise,
Daß wir mehr als Fische sind.
(Entfernen sich.)

SIRENEN. Fort sind sie im Nu!   8070
Nach Samothrace grade zu,
Verschwunden mit günstigem Wind.
Was denken sie zu vollführen
Im Reiche der hohen Kabiren?
Sind Götter! Wundersam eigen,   8075
Die sich immerfort selbst erzeugen
Und niemals wissen, was sie sind.

Bleibe auf deinen Höhn,
Holde Luna, gnädig stehn;
Daß es nächtig verbleibe,   8080
Uns der Tag nicht vertreibe!

THALES *(am Ufer zu Homunculus).*
Ich führte dich zum alten Nereus gern;
Zwar sind wir nicht von seiner Höhle fern,
Doch hat er einen harten Kopf,
Der widerwärtige Sauertopf.   8085
Das ganze menschliche Geschlecht
Macht's ihm, dem Griesgram, nimmer recht.
Doch ist die Zukunft ihm entdeckt,
Dafür hat jedermann Respekt
Und ehret ihn auf seinem Posten;   8090
Auch hat er manchem wohlgetan.

HOMUNCULUS. Probieren wir's und klopfen an!
Nicht gleich wird's Glas und Flamme kosten.

NEREUS.
Sind's Menschenstimmen, die mein Ohr vernimmt?
Wie es mir gleich im tiefsten Herzen grimmt!   8095
Gebilde, strebsam, Götter zu erreichen,

Und doch verdammt, sich immer selbst zu gleichen.
Seit alten Jahren konnt ich göttlich ruhn,
Doch trieb mich's an, den Besten wohlzutun;
Und schaut ich dann zuletzt vollbrachte Taten,   8100
So war es ganz, als hätt ich nicht geraten.
THALES. Und doch, o Greis des Meers, vertraut man dir;
Du bist der Weise, treib uns nicht von hier!
Schau diese Flamme, menschenähnlich zwar,
Sie deinem Rat ergibt sich ganz und gar.   8105
NEREUS. Was Rat! Hat Rat bei Menschen je gegolten?
Ein kluges Wort erstarrt im harten Ohr.
So oft auch Tat sich grimmig selbst gescholten,
Bleibt doch das Volk selbstwillig wie zuvor.
Wie hab ich Paris väterlich gewarnt,   8110
Eh sein Gelüst ein fremdes Weib umgarnt.
Am griechischen Ufer stand er kühnlich da,
Ihm kündet ich, was ich im Geiste sah:
Die Lüfte qualmend, überströmend Rot,
Gebälke glühend, unten Mord und Tod: 8115
Trojas Gerichtstag, rhythmisch festgebannt,
Jahrtausenden so schrecklich als bekannt.
Des Alten Wort, dem Frechen schien's ein Spiel,
Er folgte seiner Lust, und Ilios fiel –
Ein Riesenleichnam, starr nach langer Qual,   8120
Des Pindus Adlern gar willkommnes Mahl.
Ulyssen auch! sagt ich ihm nicht voraus
Der Circe Listen, des Zyklopen Graus?
Das Zaudern sein, der Seinen leichten Sinn,
Und was nicht alles! Bracht ihm das Gewinn?   8125
Bis vielgeschaukelt ihn, doch spät genug,
Der Woge Gunst an gastlich Ufer trug.
THALES. Dem weisen Mann gibt solch Betragen Qual,
Der gute doch versucht es noch einmal.
Ein Quentchen Danks wird, hoch ihn zu vergnügen,   8130
Die Zentner Undanks völlig überwiegen.
Denn nichts Geringes haben wir zu flehn:
Der Knabe da wünscht weislich zu entstehn.
NEREUS. Verderbt mir nicht den seltensten Humor!
Ganz andres steht mir heute noch bevor: 8135
Die Töchter hab ich alle herbeschieden,
Die Grazien des Meeres, die Doriden.

Nicht der Olymp, nicht euer Boden trägt
Ein schön Gebild, das sich so zierlich regt.
Sie werfen sich, anmutigster Gebärde,   8140
Vom Wasserdrachen auf Neptunus' Pferde,
Dem Element aufs zarteste vereint,
Daß selbst der Schaum sie noch zu heben scheint.
Im Farbenspiel von Venus' Muschelwagen
Kommt Galatee, die Schönste, nun getragen,   8145
Die, seit sich Kypris von uns abgekehrt,
In Paphos wird als Göttin selbst verehrt.
Und so besitzt die Holde lange schon,
Als Erbin, Tempelstadt und Wagenthron.

Hinweg! Es ziemt in Vaterfreudenstunde   8150
Nicht Haß dem Herzen, Scheltwort nicht dem Munde.
Hinweg zu Proteus! Fragt den Wundermann:
Wie man entstehn und sich verwandlen kann.
(Entfernt sich gegen das Meer.)

THALES. Wir haben nichts durch diesen Schritt gewonnen,
Trifft man auch Proteus, gleich ist er zerronnen;   8155
Und steht er euch, so sagt er nur zuletzt,
Was staunen macht und in Verwirrung setzt.
Du bist einmal bedürftig solchen Rats,
Versuchen wir's und wandlen unsres Pfads!
(Entfernen sich.)

SIRENEN *(oben auf den Felsen).*
            Was sehen wir von weiten   8160
            Das Wellenreich durchgleiten?
            Als wie nach Windes Regel
            Anzögen weiße Segel,
            So hell sind sie zu schauen,
            Verklärte Meeresfrauen.   8165
            Laßt uns herunterklimmen,
            Vernehmt ihr doch die Stimmen.

NEREIDEN und TRITONEN.
            Was wir auf Händen tragen,
            Soll allen euch behagen.
            Chelonens Riesenschilde   8170
            Entglänzt ein streng Gebilde:
            Sind Götter, die wir bringen;
            Müßt hohe Lieder singen.

SIRENEN.   Klein von Gestalt,
             Groß von Gewalt,   8175
             Der Scheiternden Retter,
             Uralt verehrte Götter.
NEREIDEN und TRITONEN.
             Wir bringen die Kabiren,
             Ein friedlich Fest zu führen;
             Denn wo sie heilig walten,   8180
             Neptun wird freundlich schalten.
SIRENEN.   Wir stehen euch nach;
             Wenn ein Schiff zerbrach,
             Unwiderstehbar an Kraft
             Schützt ihr die Mannschaft.   8185
NEREIDEN und TRITONEN.
             Drei haben wir mitgenommen,
             Der vierte wollte nicht kommen;
             Er sagte, er sei der Rechte,
             Der für sie alle dächte.
SIRENEN.   Ein Gott den andern Gott   8190
             Macht wohl zu Spott.
             Ehrt ihr alle Gnaden,
             Fürchtet jeden Schaden.
NEREIDEN und TRITONEN.
             Sind eigentlich ihrer sieben.
SIRENEN.   Wo sind die drei geblieben?   8195
NEREIDEN und TRITONEN.
             Wir wüßten's nicht zu sagen,
             Sind im Olymp zu erfragen;
             Dort west auch wohl der achte,
             An den noch niemand dachte.
             In Gnaden uns gewärtig,   8200

             Doch alle noch nicht fertig.
             Diese Unvergleichlichen
             Wollen immer weiter,
             Sehnsuchtsvolle Hungerleider
             Nach dem Unerreichlichen.   8205

SIRENEN.   Wir sind gewohnt,
             Wo es auch thront,
             In Sonn und Mond
             Hinzubeten; es lohnt.

NEREIDEN und TRITONEN.

      Wie unser Ruhm zum höchsten prangt,   8210
      Dieses Fest anzuführen!

SIRENEN.   Die Helden des Altertums
      Ermangeln des Ruhms,
      Wo und wie er auch prangt,
      Wenn sie das goldne Vlies erlangt,   8215
      Ihr die Kabiren.
      (Wiederholt als Allgesang.)
      Wenn sie das goldne Vlies erlangt,
      Wir ⎫
           ⎬ die Kabiren.
      Ihr ⎭
      (Nereiden und Tritonen ziehen vorüber.)

HOMUNCULUS. Die Ungestalten seh ich an
  Als irden-schlechte Töpfe,   8220
  Nun stoßen sich die Weisen dran
  Und brechen harte Köpfe.

THALES. Das ist es ja, was man begehrt:
  Der Rost macht erst die Münze wert.

PROTEUS *(unbemerkt).* So etwas freut mich alten Fabler!   8225
  Je wunderlicher, desto respektabler.

THALES. Wo bist du, Proteus?

PROTEUS *(bauchrednerisch, bald nah, bald fern).*
                    Hier! und hier!

THALES. Den alten Scherz verzeih ich dir;
  Doch einem Freund nicht eitle Worte!
  Ich weiß, du sprichst vom falschen Orte.   8230

PROTEUS *(als aus der Ferne).*
  Leb wohl!

THALES *(leise zu Homunculus).*
         Er ist ganz nah. Nun leuchte frisch!
  Er ist neugierig wie ein Fisch;
  Und wo er auch gestaltet stockt,
  Durch Flammen wird er hergelockt.

HOMUNCULUS. Ergieß ich gleich des Lichtes Menge,   8235
  Bescheiden doch, daß ich das Glas nicht sprenge.

PROTEUS *(in Gestalt einer Riesenschildkröte).*
  Was leuchtet so anmutig schön?

THALES *(den Homunculus verhüllend).*
  Gut! Wenn du Lust hast, kannst du's näher sehn.
  Die kleine Mühe laß dich nicht verdrießen

Und zeige dich auf menschlich beiden Füßen.   8240
Mit unsern Gunsten sei's, mit unserm Willen,
Wer schauen will, was wir verhüllen.
PROTEUS *(edel gestaltet).*
Weltweise Kniffe sind dir noch bewußt.
THALES. Gestalt zu wechseln bleibt noch deine Lust.
(Hat den Homunculus enthüllt.)
PROTEUS *(erstaunt).*
Ein leuchtend Zwerglein! Niemals noch gesehn!   8245
THALES. Es fragt um Rat und möchte gern entstehn.
Er ist, wie ich von ihm vernommen,
Gar wundersam nur halb zur Welt gekommen.
Ihm fehlt es nicht an geistigen Eigenschaften,
Doch gar zu sehr am greiflich Tüchtighaften.   8250
Bis jetzt gibt ihm das Glas allein Gewicht,
Doch wär er gern zunächst verkörperlicht.
PROTEUS. Du bist ein wahrer Jungfernsohn,
Eh du sein solltest, bist du schon!
THALES *(leise).*
Auch scheint es mir von andrer Seite kritisch: 8255
Er ist, mich dünkt, hermaphroditisch.
PROTEUS. Da muß es desto eher glücken;
So wie er anlangt, wird sich's schicken.
Doch gilt es hier nicht viel Besinnen,
Im weiten Meere mußt du anbeginnen!   8260
Da fängt man erst im kleinen an
Und freut sich, Kleinste zu verschlingen,
Man wächst so nach und nach heran
Und bildet sich zu höherem Vollbringen.
HOMUNCULUS. Hier weht gar eine weiche Luft,   8265
Es grunelt so, und mir behagt der Duft!
PROTEUS. Das glaub ich, allerliebster Junge!
Und weiter hin wird's viel behäglicher,
Auf dieser schmalen Strandeszunge
Der Dunstkreis noch unsäglicher;   8270
Da vorne sehen wir den Zug,
Der eben herschwebt, nah genug.
Komm mit dahin!
THALES.   Ich gehe mit.
HOMUNCULUS. Dreifach merkwürd'ger Geisterschritt!

TELCHINEN VON RHODUS *auf Hippokampen und Meerdrachen,*
Neptunens Dreizack handhabend.

CHOR. Wir haben den Dreizack Neptunen geschmiedet,   8275
  Womit er die regesten Wellen begütet.
  Entfaltet der Donnrer die Wolken, die vollen,
  Entgegnet Neptunus dem greulichen Rollen;
  Und wie auch von oben es zackig erblitzt,
  Wird Woge nach Woge von unten gespritzt;   8280
  Und was auch dazwischen in Ängsten gerungen,
  Wird, lange geschleudert, vom Tiefsten verschlungen;
  Weshalb er uns heute den Zepter gereicht –
  Nun schweben wir festlich, beruhigt und leicht.
SIRENEN.   Euch, dem Helios Geweihten,   8285
    Heitern Tags Gebenedeiten,
    Gruß zur Stunde, die bewegt
    Lunas Hochverehrung regt!
TELCHINEN. Allieblichste Göttin am Bogen da droben!
  Du hörst mit Entzücken den Bruder beloben.   8290
  Der seligen Rhodus verleihst du ein Ohr,
  Dort steigt ihm ein ewiger Päan hervor.
  Beginnt er den Tagslauf und ist es getan,
  Er blickt uns mit feurigem Strahlenblick an.
  Die Berge, die Städte, die Ufer, die Welle   8295
  Gefallen dem Gotte, sind lieblich und helle.
  Kein Nebel umschwebt uns, und schleicht er sich ein,
  Ein Strahl und ein Lüftchen, die Insel ist rein!
  Da schaut sich der Hohe in hundert Gebilden,
  Als Jüngling, als Riesen, den großen, den milden.   8300
  Wir ersten, wir waren's, die Göttergewalt
  Aufstellten in würdiger Menschengestalt.
PROTEUS. Laß du sie singen, laß sie prahlen!
    Der Sonne heiligen Lebestrahlen
    Sind tote Werke nur ein Spaß.   8305
    Das bildet, schmelzend, unverdrossen;
    Und haben sie's in Erz gegossen,
    Dann denken sie, es wäre was.
    Was ist's zuletzt mit diesen Stolzen?
    Die Götterbilder standen groß –   8310
    Zerstörte sie ein Erdestoß;
    Längst sind sie wieder eingeschmolzen.

Das Erdetreiben, wie's auch sei,
Ist immer doch nur Plackerei;
Dem Leben frommt die Welle besser;   8315
Dich trägt ins ewige Gewässer
Proteus-Delphin. *(Er verwandelt sich.)*
      Schon ist's getan!
Da soll es dir zum schönsten glücken:
Ich nehme dich auf meinen Rücken,
Vermähle dich dem Ozean.   8320

THALES. Gib nach dem löblichen Verlangen,
Von vorn die Schöpfung anzufangen!
Zu raschem Wirken sei bereit!
Da regst du dich nach ewigen Normen,
Durch tausend, abertausend Formen,   8325
Und bis zum Menschen hast du Zeit.
(Homunculus besteigt den Proteus-Delphin.)

PROTEUS. Komm geistig mit in feuchte Weite,
Da lebst du gleich in Läng und Breite,
Beliebig regest du dich hier;
Nur strebe nicht nach höheren Orden: 8330
Denn bist du erst ein Mensch geworden,
Dann ist es völlig aus mit dir.

THALES. Nachdem es kommt; 's ist auch wohl fein,
Ein wackrer Mann zu seiner Zeit zu sein.

PROTEUS *(zu Thales)*.
So einer wohl von deinem Schlag!   8335
Das hält noch eine Weile nach;
Denn unter bleichen Geisterscharen
Seh ich dich schon seit vielen hundert Jahren.

SIRENEN *(auf den Felsen)*.
Welch ein Ring von Wölkchen ründet
Um den Mond so reichen Kreis?   8340
Tauben sind es, liebentzündet,
Fittiche, wie Licht so weiß.
Paphos hat sie hergesendet,
Ihre brünstige Vogelschar;
Unser Fest, es ist vollendet,   8345
Heitre Wonne voll und klar!

NEREUS *(zu Thales tretend)*.
Nennte wohl ein nächtiger Wanderer
Diesen Mondhof Lufterscheinung;

Doch wir Geister sind ganz anderer
Und der einzig richtigen Meinung: 8350
Tauben sind es, die begleiten
Meiner Tochter Muschelfahrt,
Wunderflugs besondrer Art,
Angelernt vor alten Zeiten.
THALES. Auch ich halte das fürs Beste,   8355
Was dem wackern Mann gefällt,
Wenn im stillen, warmen Neste
Sich ein Heiliges lebend hält.
PSYLLEN und MARSEN *(auf Meerstieren, Meerkälbern und -widdern).*
In Zyperns rauhen Höhlegrüften,
Vom Meergott nicht verschüttet,   8360
Vom Seismos nicht zerrüttet,
Umweht von ewigen Lüften,
Und, wie in den ältesten Tagen,
In still-bewußtem Behagen
Bewahren wir Zypriens Wagen   8365
Und führen, beim Säuseln der Nächte,
Durch liebliches Wellengeflechte,
Unsichtbar dem neuen Geschlechte,
Die lieblichste Tochter heran.
Wir leise Geschäftigen scheuen   8370
Weder Adler noch geflügelten Leuen,
Weder Kreuz noch Mond,
Wie es oben wohnt und thront,
Sich wechselnd wegt und regt,
Sich vertreibt und totschlägt,   8375
Saaten und Städte niederlegt.
Wir, so fortan,
Bringen die lieblichste Herrin heran.
SIRENEN. Leicht bewegt, in mäßiger Eile,
Um den Wagen, Kreis um Kreis,   8380
Bald verschlungen Zeil an Zeile,
Schlangenartig reihenweis,
Naht euch, rüstige Nereiden,
Derbe Fraun, gefällig wild,
Bringet, zärtliche Doriden,   8385
Galateen, der Mutter Bild:
Ernst, den Göttern gleich zu schauen,
Würdiger Unsterblichkeit,

Doch wie holde Menschenfrauen
Lockender Anmutigkeit.   8390

DORIDEN *(im Chor an Nereus vorbeiziehend, sämtlich auf Delphinen).*

Leih uns, Luna, Licht und Schatten,
Klarheit diesem Jugendflor!
Denn wir zeigen liebe Gatten
Unserm Vater bittend vor.
(Zu Nereus.) Knaben sind's, die wir gerettet   8395
Aus der Brandung grimmem Zahn,
Sie, auf Schilf und Moos gebettet,
Aufgewärmt zum Licht heran,
Die es nun mit heißen Küssen
Treulich uns verdanken müssen;   8400
Schau die Holden günstig an!

NEREUS. Hoch ist der Doppelgewinn zu schätzen:
Barmherzig sein, und sich zugleich ergetzen.

DORIDEN. Lobst du, Vater, unser Walten,
Gönnst uns wohlerworbene Lust;   8405
Laß uns fest, unsterblich halten
Sie an ewiger Jugendbrust.

NEREUS. Mögt euch des schönen Fanges freuen,
Den Jüngling bildet euch als Mann;
Allein ich könnte nicht verleihen,   8410
Was Zeus allein gewähren kann.
Die Welle, die euch wogt und schaukelt,
Läßt auch der Liebe nicht Bestand,
Und hat die Neigung ausgegaukelt,
So setzt gemächlich sie ans Land.   8415

DORIDEN. Ihr, holde Knaben, seid uns wert,
Doch müssen wir traurig scheiden;
Wir haben ewige Treue begehrt,
Die Götter wollen's nicht leiden.

DIE JÜNGLINGE.

Wenn ihr uns nur so ferner labt,   8420
Uns wackre Schifferknaben;
Wir haben's nie so gut gehabt
Und wollen's nicht besser haben.

GALATEE *auf dem Muschelwagen nähert sich.*

NEREUS. Du bist es, mein Liebchen!
GALATEE.   O Vater! das Glück!
  Delphine, verweilet! mich fesselt der Blick.   8425
NEREUS. Vorüber schon, sie ziehen vorüber
  In kreisenden Schwunges Bewegung;
  Was kümmert sie die innre, herzliche Regung!
  Ach, nähmen sie mich mit hinüber!
  Doch ein einziger Blick ergetzt,   8430
  Daß er das ganze Jahr ersetzt.
THALES. Heil! Heil! aufs neue!
  Wie ich mich blühend freue,
  Vom Schönen, Wahren durchdrungen...
  Alles ist aus dem Wasser entsprungen!!   8435
  Alles wird durch das Wasser erhalten!
  Ozean, gönn uns dein ewiges Walten.
  Wenn du nicht Wolken sendetest,
  Nicht reiche Bäche spendetest,
  Hin und her nicht Flüsse wendetest,   8440
  Die Ströme nicht vollendetest,
  Was wären Gebirge, was Ebnen und Welt?
  Du bist's, der das frischeste Leben erhält.
ECHO *(Chorus der sämtlichen Kreise).*
  Du bist's, dem das frischeste Leben entquellt.
NEREUS. Sie kehren schwankend fern zurück,   8445
  Bringen nicht mehr Blick zu Blick;
  In gedehnten Kettenkreisen,
  Sich festgemäß zu erweisen,
  Windet sich die unzählige Schar.
  Aber Galateas Muschelthron   8450
  Seh ich schon und aber schon.
  Er glänzt wie ein Stern
  Durch die Menge;
  Geliebtes leuchtet durchs Gedränge,
  Auch noch so fern   8455
  Schimmert's hell und klar,
  Immer nah und wahr.
HOMUNCULUS. In dieser holden Feuchte,
      Was ich auch hier beleuchte,
      Ist alles reizend schön.   8460

PROTEUS.   In dieser Lebensfeuchte
               Erglänzt erst deine Leuchte
               Mit herrlichem Getön.

NEREUS. Welch neues Geheimnis in Mitte der Scharen
  Will unseren Augen sich offengebaren?
  Was flammt um die Muschel, um Galatees Füße?   8465
  Bald lodert es mächtig, bald lieblich, bald süße,
  Als wär es von Pulsen der Liebe gerührt.

THALES. Homunculus ist es, von Proteus verführt...
  Es sind die Symptome des herrischen Sehnens,
  Mir ahnet das Ächzen beängsteten Dröhnens;   8470
  Er wird sich zerschellen am glänzenden Thron;
  Jetzt flammt es, nun blitzt es, ergießet sich schon.

SIRENEN. Welch feuriges Wunder verklärt uns die Wellen,
  Die gegeneinander sich funkelnd zerschellen?   8475
  So leuchtet's und schwanket und hellet hinan:
  Die Körper, sie glühen auf nächtlicher Bahn,
  Und ringsum ist alles vom Feuer umronnen;
  So herrsche denn Eros, der alles begonnen!
          Heil dem Meere! Heil dem Wogen,   8480
          Von dem heiligen Feuer umzogen!
          Heil dem Wasser! Heil dem Feuer!
          Heil dem seltnen Abenteuer!

ALL-ALLE! Heil den mildgewogenen Lüften!
          Heil geheimnisreichen Grüften!   8485
          Hochgefeiert seid allhier,
          Element' ihr alle vier!

Dritter Akt

Vor dem Palaste des Menelas zu Sparta

HELENA *tritt auf und* CHOR GEFANGENER TROJANERINNEN.
PANTHALIS, *Chorführerin.*

HELENA. Bewundert viel und viel gescholten, Helena,
  Vom Strande komm ich, wo wir erst gelandet sind,
  Noch immer trunken von des Gewoges regsamem   8490
  Geschaukel, das vom phrygischen Blachgefild uns her
  Auf sträubig-hohem Rücken, durch Poseidons Gunst

Und Euros' Kraft, in vaterländische Buchten trug.
Dort unten freuet nun der König Menelas
Der Rückkehr samt den tapfersten seiner Krieger sich.   8495
Du aber heiße mich willkommen, hohes Haus,
Das Tyndareos, mein Vater, nah dem Hange sich
Von Pallas' Hügel wiederkehrend aufgebaut
Und, als ich hier mit Klytämnestren schwesterlich,
Mit Kastor auch und Pollux fröhlich spielend wuchs,   8500
Vor allen Häusern Spartas herrlich ausgeschmückt.
Gegrüßet seid mir, der ehrnen Pforte Flügel ihr!
Durch euer gastlich ladendes Weit-Eröffnen einst
Geschah's, daß mir, erwählt aus vielen, Menelas
In Bräutigamsgestalt entgegen leuchtete.   8505
Eröffnet mir sie wieder, daß ich ein Eilgebot
Des Königs treu erfülle, wie der Gattin ziemt.
Laßt mich hinein! und alles bleibe hinter mir,
Was mich umstürmte bis hieher, verhängnisvoll.
Denn seit ich diese Schwelle sorgenlos verließ,   8510
Cytherens Tempel besuchend, heiliger Pflicht gemäß,
Mich aber dort ein Räuber griff, der phrygische,
Ist viel geschehen, was die Menschen weit und breit
So gern erzählen, aber der nicht gerne hört,
Von dem die Sage wachsend sich zum Märchen spann.   8515
CHOR. Verschmähe nicht, o herrliche Frau,
    Des höchsten Gutes Ehrenbesitz!
    Denn das größte Glück ist dir einzig beschert,
    Der Schönheit Ruhm, der vor allen sich hebt.
    Dem Helden tönt sein Name voran,   8520
    Drum schreitet er stolz;
    Doch beugt sogleich hartnäckigster Mann
    Vor der allbezwingenden Schöne den Sinn.
HELENA. Genug! mit meinem Gatten bin ich hergeschifft
Und nun von ihm zu seiner Stadt vorausgesandt;   8525
Doch welchen Sinn er hegen mag, errat ich nicht.
Komm ich als Gattin? komm ich eine Königin?
Komm ich ein Opfer für des Fürsten bittern Schmerz
Und für der Griechen lang erduldetes Mißgeschick?
Erobert bin ich; ob gefangen, weiß ich nicht!   8530
Denn Ruf und Schicksal bestimmten fürwahr die
                         Unsterblichen
Zweideutig mir, der Schöngestalt bedenkliche

Begleiter, die an dieser Schwelle mir sogar
Mit düster drohender Gegenwart zur Seite stehn.
Denn schon im hohlen Schiffe blickte mich der Gemahl		8535
Nur selten an, auch sprach er kein erquicklich Wort.
Als wenn er Unheil sänne, saß er gegen mir.
Nun aber, als des Eurotas tiefem Buchtgestad
Hinangefahren der vordern Schiffe Schnäbel kaum
Das Land begrüßten, sprach er, wie vom Gott bewegt:		8540
»Hier steigen meine Krieger nach der Ordnung aus,
Ich mustere sie, am Strand des Meeres hingereiht;
Du aber ziehe weiter, ziehe des heiligen
Eurotas fruchtbegabtem Ufer immer auf,
Die Rosse lenkend auf der feuchten Wiese Schmuck,		8545
Bis daß zur schönen Ebene du gelangen magst,
Wo Lakedämon, einst ein fruchtbar weites Feld,
Von ernsten Bergen nah umgeben, angebaut.
Betrete dann das hochgetürmte Fürstenhaus
Und mustere mir die Mägde, die ich dort zurück		8550
Gelassen, samt der klugen alten Schaffnerin.
Die zeige dir der Schätze reiche Sammlung vor,
Wie sie dein Vater hinterließ und die ich selbst
In Krieg und Frieden, stets vermehrend, aufgehäuft.
Du findest alles nach der Ordnung stehen: denn		8555
Das ist des Fürsten Vorrecht, daß er alles treu
In seinem Hause, wiederkehrend, finde, noch
An seinem Platze jedes, wie er's dort verließ.
Denn nichts zu ändern hat für sich der Knecht Gewalt.«
CHOR. Erquicke nun am herrlichen Schatz,		8560
			Dem stets vermehrten, Augen und Brust!
			Denn der Kette Zier, der Krone Geschmuck,
			Da ruhn sie stolz, und sie dünken sich was;
			Doch tritt nur ein und fordre sie auf,
			Sie rüsten sich schnell.		8565
			Mich freuet zu sehn Schönheit in dem Kampf
			Gegen Gold und Perlen und Edelgestein.
HELENA.
Sodann erfolgte des Herren ferneres Herrscherwort:
»Wenn du nun alles nach der Ordnung durchgesehn,
Dann nimm so manchen Dreifuß, als du nötig glaubst,		8570
Und mancherlei Gefäße, die der Opfrer sich
Zur Hand verlangt, vollziehend heiligen Festgebrauch.

Die Kessel, auch die Schalen, wie das flache Rund;
Das reinste Wasser aus der heiligen Quelle sei
In hohen Krügen; ferner auch das trockne Holz,   8575
Der Flammen schnell empfänglich, halte da bereit;
Ein wohlgeschliffnes Messer fehle nicht zuletzt;
Doch alles andre geb ich deiner Sorge heim.«
So sprach er, mich zum Scheiden drängend; aber nichts
Lebendigen Atems zeichnet mir der Ordnende,   8580
Das er, die Olympier zu verehren, schlachten will.
Bedenklich ist es; doch ich sorge weiter nicht,
Und alles bleibe hohen Göttern heimgestellt,
Die das vollenden, was in ihrem Sinn sie deucht,
Es möge gut von Menschen oder möge bös   8585
Geachtet sein; die Sterblichen, wir ertragen das.
Schon manchmal hob das schwere Beil der Opfernde
Zu des erdgebeugten Tieres Nacken weihend auf
Und konnt es nicht vollbringen, denn ihn hinderte
Des nahen Feindes oder Gottes Zwischenkunft.   8590

CHOR. Was geschehen werde, sinnst du nicht aus;
      Königin, schreite dahin
      Guten Muts!
      Gutes und Böses kommt
      Unerwartet dem Menschen;   8595
      Auch verkündet, glauben wir's nicht.
      Brannte doch Troja, sahen wir doch
      Tod vor Augen, schmählichen Tod;
      Und sind wir nicht hier
      Dir gesellt, dienstbar freudig,   8600
      Schauen des Himmels blendende Sonne
      Und das Schönste der Erde
      Huldvoll, dich, uns Glücklichen?

HELENA.
Sei's, wie es sei! Was auch bevorsteht, mir geziemt
Hinaufzusteigen ungesäumt in das Königshaus,   8605
Das, lang entbehrt und viel ersehnt und fast verscherzt,
Mir abermals vor Augen steht, ich weiß nicht wie.
Die Füße tragen mich so mutig nicht empor
Die hohen Stufen, die ich kindisch übersprang. *(Ab.)*

CHOR.   Werfet, o Schwestern, ihr   8610
      Traurig gefangenen,

Alle Schmerzen ins Weite;
Teilet der Herrin Glück,
Teilet Helenens Glück,
Welche zu Vaterhauses Herd,   8615
Zwar mit spät zurückkehrendem,
Aber mit desto festerem
Fuße freudig herannaht.

Preiset die heiligen,
Glücklich herstellenden   8620
Und heimführenden Götter!
Schwebt der Entbundene
Doch wie auf Fittichen
Über das Rauhste, wenn umsonst
Der Gefangene sehnsuchtsvoll   8625
Über die Zinne des Kerkers hin
Armausbreitend sich abhärmt.

Aber sie ergriff ein Gott,
Die Entfernte;
Und aus Ilios' Schutt   8630
Trug er hierher sie zurück
In das alte, das neugeschmückte
Vaterhaus,
Nach unsäglichen
Freuden und Qualen   8635
Früher Jugendzeit
Angefrischt zu gedenken.

PANTHALIS (*als Chorführerin*).
Verlasset nun des Gesanges freudumgebnen Pfad
Und wendet nach der Türe Flügeln euren Blick!
Was seh ich, Schwestern? Kehrt nicht die Königin,   8640
Mit heftigen Schrittes Regung, wieder zu uns her?
Was ist es, große Königin, was konnte dir
In deines Hauses Hallen, statt der Deinen Gruß,
Erschütterndes begegnen? Du verbirgst es nicht;
Denn Widerwillen seh ich an der Stirne dir,   8645
Ein edles Zürnen, das mit Überraschung kämpft.
HELENA (*welche die Türflügel offen gelassen hat, bewegt*).
Der Tochter Zeus' geziemet nicht gemeine Furcht,
Und flüchtig-leise Schreckenshand berührt sie nicht;

Doch das Entsetzen, das, dem Schoß der alten Nacht
Von Urbeginn entsteigend, vielgestaltet noch 8650
Wie glühende Wolken aus des Berges Feuerschlund
Herauf sich wälzt, erschüttert auch des Helden Brust.
So haben heute grauenvoll die Stygischen
Ins Haus den Eintritt mir bezeichnet, daß ich gern
Von oft betretner, langersehnter Schwelle mich, 8655
Entlaßnem Gaste gleich, entfernend scheiden mag.
Doch nein! gewichen bin ich her ans Licht, und sollt
Ihr weiter nicht mich treiben, Mächte, wer ihr seid.
Auf Weihe will ich sinnen, dann gereinigt mag
Des Herdes Glut die Frau begrüßen wie den Herrn. 8660
CHORFÜHRERIN. Entdecke deinen Dienerinnen, edle Frau,
Die dir verehrend beistehn, was begegnet ist.
HELENA. Was ich gesehen, sollt ihr selbst mit Augen sehn,
Wenn ihr Gebilde nicht die alte Nacht sogleich
Zurückgeschlungen in ihrer Tiefe Wunderschoß. 8665
Doch daß ihr's wisset, sag ich's euch mit Worten an:
Als ich des Königshauses ernsten Binnenraum,
Der nächsten Pflicht gedenkend, feierlich betrat,
Erstaunt ich ob der öden Gänge Schweigsamkeit.
Nicht Schall der emsig Wandelnden begegnete 8670
Dem Ohr, nicht raschgeschäftiges Eiligtun dem Blick,
Und keine Magd erschien mir, keine Schaffnerin,
Die jeden Fremden freundlich sonst begrüßenden.
Als aber ich dem Schoße des Herdes mich genaht,
Da sah ich, bei verglommner Asche lauem Rest, 8675
Am Boden sitzen welch verhülltes großes Weib,
Der Schlafenden nicht vergleichbar, wohl der Sinnenden.
Mit Herrscherworten ruf ich sie zur Arbeit auf,
Die Schaffnerin mir vermutend, die indes vielleicht
Des Gatten Vorsicht hinterlassend angestellt; 8680
Doch eingefaltet sitzt die Unbewegliche;
Nur endlich rührt sie auf mein Dräun den rechten Arm,
Als wiese sie von Herd und Halle mich hinweg.
Ich wende zürnend mich ab von ihr und eile gleich
Den Stufen zu, worauf empor der Thalamos 8685
Geschmückt sich hebt und nah daran das Schatzgemach;
Allein das Wunder reißt sich schnell vom Boden auf,
Gebietrisch mir den Weg vertretend, zeigt es sich
In hagrer Größe, hohlen, blutig-trüben Blicks,

Seltsamer Bildung, wie sie Aug und Geist verwirrt.   8690
Doch red ich in die Lüfte; denn das Wort bemüht
Sich nur umsonst, Gestalten schöpferisch aufzubaun.
Da seht sie selbst! sie wagt sogar sich ans Licht hervor!
Hier sind wir Meister, bis der Herr und König kommt.
Die grausen Nachtgeburten drängt der Schönheitsfreund,
Phöbus, hinweg in Höhlen oder bändigt sie.   8696

PHORKYAS *auf der Schwelle zwischen den Türpfosten
auftretend.*

CHOR. Vieles erlebt ich, obgleich die Locke
Jugendlich wallet mir um die Schläfe!
Schreckliches hab ich vieles gesehen,
Kriegrischen Jammer, Ilios' Nacht,   8700
Als es fiel.

Durch das umwölkte, staubende Tosen
Drängender Krieger hört ich die Götter
Fürchterlich rufen, hört ich der Zwietracht
Eherne Stimme schallen durchs Feld,   8705
Mauerwärts.

Ach! sie standen noch, Ilios'
Mauern, aber die Flammenglut
Zog vom Nachbar zum Nachbar schon,
Sich verbreitend von hier und dort   8710
Mit des eignen Sturmes Wehn
Über die nächtliche Stadt hin.

Flüchtend sah ich, durch Rauch und Glut
Und der züngelnden Flamme Loh'n
Gräßlich zürnender Götter Nahn,   8715
Schreitend Wundergestalten,
Riesengroß, durch düsteren
Feuerumleuchteten Qualm hin.

Sah ich's, oder bildete
Mir der angstumschlungene Geist   8720
Solches Verworrene? sagen kann
Nimmer ich's, doch daß ich dies
Gräßliche hier mit Augen schau,
Solches gewiß ja weiß ich;

Könnt es mit Händen fassen gar,   8725
Hielte von dem Gefährlichen
Nicht zurücke die Furcht mich.

Welche von Phorkys'
Töchtern nur bist du?
Denn ich vergleiche dich   8730
Diesem Geschlechte.
Bist du vielleicht der graugebornen,
Eines Auges und *eines* Zahns
Wechselsweis teilhaftigen
Graien eine gekommen?   8735

Wagest du Scheusal
Neben der Schönheit
Dich vor dem Kennerblick
Phöbus' zu zeigen?
Tritt du dennoch hervor nur immer,   8740
Denn das Häßliche schaut *er* nicht,
Wie sein heilig Auge noch
Nie erblickte den Schatten.

Doch uns Sterbliche nötigt, ach,
Leider trauriges Mißgeschick   8745
Zu dem unsäglichen Augenschmerz,
Den das Verwerfliche, Ewig-Unselige
Schönheitliebenden rege macht.

Ja, so höre denn, wenn du frech
Uns entgegenest, höre Fluch,   8750
Höre jeglicher Schelte Drohn
Aus dem verwünschenden Munde der Glücklichen,
Die von Göttern gebildet sind.

PHORKYAS.
  Alt ist das Wort, doch bleibet hoch und wahr der Sinn,
  Daß Scham und Schönheit nie zusammen, Hand in Hand,
  Den Weg verfolgen über der Erde grünen Pfad.   8756
  Tief eingewurzelt wohnt in beiden alter Haß,
  Daß, wo sie immer irgend auch des Weges sich
  Begegnen, jede der Gegnerin den Rücken kehrt.
  Dann eilet jede wieder heftiger, weiter fort,   8760
  Die Scham betrübt, die Schönheit aber frech gesinnt,

Bis sie zuletzt des Orkus hohle Nacht umfängt,
Wenn nicht das Alter sie vorher gebändigt hat.
Euch find ich nun, ihr Frechen, aus der Fremde her
Mit Übermut ergossen, gleich der Kraniche   8765
Laut-heiser klingendem Zug, der über unser Haupt,
In langer Wolke, krächzend sein Getön herab
Schickt, das den stillen Wandrer über sich hinauf
Zu blicken lockt; doch ziehn sie ihren Weg dahin,
Er geht den seinen; also wird's mit uns geschehn.   8770

Wer seid denn ihr, daß ihr des Königs Hochpalast
Mänadisch wild, Betrunknen gleich, umtoben dürft?
Wer seid ihr denn, daß ihr des Hauses Schaffnerin
Entgegen heulet, wie dem Mond der Hunde Schar?
Wähnt ihr, verborgen sei mir, welch Geschlecht ihr
                                          seid,   8775
Du kriegerzeugte, schlachterzogne junge Brut?
Mannlustige du, so wie verführt verführende,
Entnervend beide, Kriegers auch und Bürgers Kraft!
Zuhauf euch sehend, scheint mir ein Zikadenschwarm
Herabzustürzen, deckend grüne Feldersaat.   8780
Verzehrerinnen fremden Fleißes! Naschende
Vernichterinnen aufgekeimten Wohlstands ihr!
Erobert', marktverkauft', vertauschte Ware du!

HELENA.
Wer gegenwarts der Frau die Dienerinnen schilt,
Der Gebietrin Hausrecht tastet er vermessen an;   8785
Denn ihr gebührt allein, das Lobenswürdige
Zu rühmen, wie zu strafen, was verwerflich ist.
Auch bin des Dienstes ich wohl zufrieden, den sie mir
Geleistet, als die hohe Kraft von Ilios
Umlagert stand und fiel und lag; nicht weniger,   8790
Als wir der Irrfahrt kummervolle Wechselnot
Ertrugen, wo sonst jeder sich der Nächste bleibt.
Auch hier erwart ich Gleiches von der muntern Schar;
Nicht was der Knecht sei, fragt der Herr, nur wie er dient.
Drum schweige du und grinse sie nicht länger an.   8795
Hast du das Haus des Königs wohl verwahrt bisher
Anstatt der Hausfrau, solches dient zum Ruhme dir;
Doch jetzo kommt sie selber, tritt nun du zurück,
Damit nicht Strafe werde statt verdienten Lohns.

PHORKYAS.

Den Hausgenossen drohen bleibt ein großes Recht, 8800
Das gottbeglückten Herrschers hohe Gattin sich
Durch langer Jahre weise Leitung wohl verdient.
Da du, nun Anerkannte! neu den alten Platz
Der Königin und Hausfrau wiederum betrittst,
So fasse längst erschlaffte Zügel, herrsche nun, 8805
Nimm in Besitz den Schatz und sämtlich uns dazu.
Vor allem aber schütze mich, die Ältere,
Vor dieser Schar, die neben deiner Schönheit Schwan
Nur schlecht befitticht', schnatterhafte Gänse sind.

CHORFÜHRERIN.

Wie häßlich neben Schönheit zeigt sich Häßlichkeit. 8810

PHORKYAS. Wie unverständig neben Klugheit Unverstand.

(Von hier an erwidern die Choretiden, einzeln aus dem Chor
heraustretend.)

CHORETIDE 1.

Von Vater Erebus melde, melde von Mutter Nacht.

PHORKYAS.

So sprich von Scylla, leiblich dir Geschwisterkind.

CHORETIDE 2.

An deinem Stammbaum steigt manch Ungeheur empor.

PHORKYAS.

Zum Orkus hin! da suche deine Sippschaft auf. 8815

CHORETIDE 3.

Die dorten wohnen, sind dir alle viel zu jung.

PHORKYAS. Tiresias, den Alten, gehe buhlend an.

CHORETIDE 4. Orions Amme war die Ur-Urenkelin.

PHORKYAS.

Harpyen, wähn ich, fütterten dich im Unflat auf.

CHORETIDE 5.

Mit was ernährst du so gepflegte Magerkeit? 8820

PHORKYAS. Mit Blute nicht, wonach du allzu lüstern bist.

CHORETIDE 6. Begierig du auf Leichen, ekle Leiche selbst!

PHORKYAS. Vampyren-Zähne glänzen dir im frechen Maul.

CHORFÜHRERIN.

Das deine stopf ich, wenn ich sage, wer du seist.

PHORKYAS. So nenne dich zuerst; das Rätsel hebt sich auf. 8825

HELENA.

Nicht zürnend, aber traurend schreit ich zwischen euch,
Verbietend solchen Wechselstreites Ungestüm!

Denn Schädlicheres begegnet nichts dem Herrscherherrn
Als treuer Diener heimlich unterschworner Zwist.
Das Echo seiner Befehle kehrt alsdann nicht mehr   8830
In schnell vollbrachter Tat wohlstimmig ihm zurück,
Nein, eigenwillig brausend tost es um ihn her,
Den selbstverirrten, ins Vergebne scheltenden.
Dies nicht allein. Ihr habt in sittelosem Zorn
Unsel'ger Bilder Schreckgestalten hergebannt,   8835
Die mich umdrängen, daß ich selbst zum Orkus mich
Gerissen fühle, vaterländ'scher Flur zum Trutz.
Ist's wohl Gedächtnis? War es Wahn, der mich ergreift?
War ich das alles? Bin ich's? Werd ich's künftig sein,
Das Traum- und Schreckbild jener Städteverwüstenden? 8840
Die Mädchen schaudern, aber du, die Älteste,
Du stehst gelassen; rede mir verständig Wort.

PHORKYAS.
Wer langer Jahre mannigfaltigen Glücks gedenkt,
Ihm scheint zuletzt die höchste Göttergunst ein Traum.
Du aber, hochbegünstigt sonder Maß und Ziel,   8845
In Lebensreihe sahst nur Liebesbrünstige,
Entzündet rasch zum kühnsten Wagstück jeder Art.
Schon Theseus haschte früh dich, gierig aufgeregt,
Wie Herakles stark, ein herrlich schön geformter Mann.

HELENA.
Entführte mich, ein zehenjährig schlankes Reh,   8850
Und mich umschloß Aphidnus' Burg in Attika.

PHORKYAS.
Durch Kastor und durch Pollux aber bald befreit,
Umworben standst du ausgesuchter Heldenschar.

HELENA. Doch stille Gunst vor allen, wie ich gern gesteh,
Gewann Patroklus, er, des Peliden Ebenbild.   8855

PHORKYAS. Doch Vaterwille traute dich an Menelas,
Den kühnen Seedurchstreicher, Hausbewahrer auch.

HELENA.
Die Tochter gab er, gab des Reichs Bestellung ihm.
Aus ehlichem Beisein sproßte dann Hermione.

PHORKYAS.
Doch als er fern sich Kretas Erbe kühn erstritt,   8860
Dir Einsamen da erschien ein allzuschöner Gast.

HELENA. Warum gedenkst du jener halben Witwenschaft?
Und welch Verderben gräßlich mir daraus erwuchs?

PHORKYAS. Auch jene Fahrt, mir freigebornen Kreterin
  Gefangenschaft erschuf sie, lange Sklaverei. 8865
HELENA. Als Schaffnerin bestellt' er dich sogleich hieher,
  Vertrauend vieles, Burg und kühn erworbnen Schatz.
PHORKYAS. Die du verließest, Ilios' umtürmter Stadt
  Und unerschöpften Liebesfreuden zugewandt.
HELENA. Gedenke nicht der Freuden! allzuherben Leids 8870
  Unendlichkeit ergoß sich über Brust und Haupt.
PHORKYAS.
  Doch sagt man, du erschienst ein doppelhaft Gebild,
  In Ilios gesehen und in Ägypten auch.
HELENA. Verwirre wüsten Sinnes Aberwitz nicht gar.
  Selbst jetzo, welche denn ich sei, ich weiß es nicht. 8875
PHORKYAS.
  Dann sagen sie: aus hohlem Schattenreich herauf
  Gesellte sich inbrünstig noch Achill zu dir!
  Dich früher liebend gegen allen Geschicks Beschluß.
HELENA. Ich als Idol, ihm dem Idol verband ich mich.
  Es war ein Traum, so sagen ja die Worte selbst. 8880
  Ich schwinde hin und werde selbst mir ein Idol.
  (Sinkt dem Halbchor in die Arme.)

CHOR. Schweige, schweige!
    Mißblickende, Mißredende du!
    Aus so gräßlichen einzahnigen
    Lippen, was enthaucht wohl 8885
    Solchem furchtbaren Greuelschlund!

    Denn der Bösartige, wohltätig erscheinend,
    Wolfesgrimm unter schafwolligem Vlies,
    Mir ist er weit schrecklicher als des drei-
    köpfigen Hundes Rachen. 8890
    Ängstlich lauschend stehn wir da:
    Wann? wie? wo nur bricht's hervor,
    Solcher Tücke
    Tiefauflauerndes Ungetüm?

    Nun denn, statt freundlich mit Trost reich begabten,
    Letheschenkenden, holdmildesten Worts 8896
    Regest du auf aller Vergangenheit
    Bösestes mehr denn Gutes,
    Und verdüsterst allzugleich

Mit dem Glanz der Gegenwart					8900
Auch der Zukunft
Mild aufschimmerndes Hoffnungslicht.

Schweige, schweige!
Daß der Königin Seele,
Schon zu entfliehen bereit,					8905
Sich noch halte, festhalte
Die Gestalt aller Gestalten,
Welche die Sonne jemals beschien.

(Helena hat sich erholt und steht wieder in der Mitte.)

PHORKYAS.
Tritt hervor aus flüchtigen Wolken, hohe Sonne dieses Tags,
Die verschleiert schon entzückte, blendend nun im Glanze
						herrscht.					8910
Wie die Welt sich dir entfaltet, schaust du selbst mit holdem
						Blick.
Schelten sie mich auch für häßlich, kenn ich doch das Schöne
						wohl.
HELENA. Tret ich schwankend aus der Öde, die im Schwindel
						mich umgab,					8913
Pflegt ich gern der Ruhe wieder, denn so müd ist mein Gebein:
Doch es ziemet Königinnen, allen Menschen ziemt es wohl,
Sich zu fassen, zu ermannen, was auch drohend überrascht.
PHORKYAS.
Stehst du nun in deiner Großheit, deiner Schöne vor uns da,
Sagt dein Blick, daß du befiehlest; was befiehlst du? sprich es
						aus.
HELENA.
Eures Haders frech Versäumnis auszugleichen, seid bereit;
Eilt, ein Opfer zu bestellen, wie der König mir gebot.					8920
PHORKYAS.
Alles ist bereit im Hause, Schale, Dreifuß, scharfes Beil,
Zum Besprengen, zum Beräuchern; das zu Opfernde zeig an.
HELENA. Nicht bezeichnet' es der König.
PHORKYAS.						Sprach's nicht aus? O Jammerwort!
HELENA. Welch ein Jammer überfällt dich?
PHORKYAS.						Königin, du bist gemeint!
HELENA. Ich?
PHORKYAS.   Und diese.

CHOR. Weh und Jammer!

PHORKYAS. Fallen wirst du durch das Beil.

HELENA. Gräßlich! doch geahnt; ich Arme!

PHORKYAS. Unvermeidlich scheint es mir. 8926

CHOR. Ach! Und uns? was wird begegnen?

PHORKYAS. Sie stirbt einen edlen Tod;
  Doch am hohen Balken drinnen, der des Daches Giebel trägt,
  Wie im Vogelfang die Drosseln, zappelt ihr der Reihe nach.
  (Helena und Chor stehen erstaunt und erschreckt, in bedeutender,
  wohl vorbereiteter Gruppe.)
  Gespenster! – – – Gleich erstarrten Bildern steht ihr da, 8930
  Geschreckt, vom Tag zu scheiden, der euch nicht gehört.
  Die Menschen, die Gespenster sämtlich gleich wie ihr,
  Entsagen auch nicht willig hehrem Sonnenschein;
  Doch bittet oder rettet niemand sie vom Schluß;
  Sie wissen's alle, wenigen doch gefällt es nur. 8935
  Genug, ihr seid verloren! Also frisch ans Werk.
  (Klatscht in die Hände; darauf erscheinen an der Pforte vermumm-
  te Zwerggestalten, welche die ausgesprochenen Befehle alsobald
  mit Behendigkeit ausführen.)
  Herbei du düstres, kugelrundes Ungetüm!
  Wälzt euch hieher, zu schaden gibt es hier nach Lust.
  Dem Tragaltar, dem goldgehörnten, gebet Platz,
  Das Beil, es liege blinkend über dem Silberrand, 8940
  Die Wasserkrüge füllet, abzuwaschen gibt's
  Des schwarzen Blutes greuelvolle Besudelung.
  Den Teppich breitet köstlich hier am Staube hin,
  Damit das Opfer niederkniee königlich
  Und eingewickelt, zwar getrennten Haupts sogleich, 8945
  Anständig würdig aber doch bestattet sei.

CHORFÜHRERIN. Die Königin stehet sinnend an der Seite hier,
  Die Mädchen welken gleich gemähtem Wiesengras;
  Mir aber deucht, der Ältesten, heiliger Pflicht gemäß,
  Mit dir das Wort zu wechseln, Ur-Urälteste. 8950
  Du bist erfahren, weise, scheinst uns gut gesinnt,
  Obschon verkennend hirnlos diese Schar dich traf.
  Drum sage, was du möglich noch von Rettung weißt.

PHORKYAS.
  Ist leicht gesagt: von der Königin hängt allein es ab,
  Sich selbst zu erhalten, euch Zugaben auch mit ihr. 8955
  Entschlossenheit ist nötig und die behendeste.

CHOR. Ehrenwürdigste der Parzen, weiseste Sibylle du,
    Halte gesperrt die goldene Schere, dann verkünd uns Tag und
                        Heil;
    Denn wir fühlen schon im Schweben, Schwanken, Bammeln
                        unergetzlich
    Unsere Gliederchen, die lieber erst im Tanze sich ergetzten,
    Ruhten drauf an Liebchens Brust.   8961

HELENA.
    Laß diese bangen! Schmerz empfind ich, keine Furcht;
    Doch kennst du Rettung, dankbar sei sie anerkannt.
    Dem Klugen, Weitumsichtigen zeigt fürwahr sich oft
    Unmögliches noch als möglich. Sprich und sag es an.   8965

CHOR.
    Sprich und sage, sag uns eilig: wie entrinnen wir den grausen,
    Garstigen Schlingen, die bedrohlich, als die schlechtesten
                    Geschmeide,
    Sich um unsre Hälse ziehen? Vorempfinden wir's, die Armen,
    Zum Entatmen, zum Ersticken, wenn du, Rhea, aller Götter
    Hohe Mutter, dich nicht erbarmst.   8970

PHORKYAS.
    Habt ihr Geduld, des Vortrags langgedehnten Zug
    Still anzuhören? Mancherlei Geschichten sind's.

CHOR. Geduld genug! Zuhörend leben wir indes.

PHORKYAS.
    Dem, der zu Hause verharrend edlen Schatz bewahrt
    Und hoher Wohnung Mauern auszukitten weiß,   8975
    Wie auch das Dach zu sichern vor des Regens Drang,
    Dem wird es wohlgehn lange Lebenstage durch;
    Wer aber seiner Schwelle heilige Richte leicht
    Mit flüchtigen Sohlen überschreitet freventlich,
    Der findet wiederkehrend wohl den alten Platz,   8980
    Doch umgeändert alles, wo nicht gar zerstört.

HELENA. Wozu dergleichen wohlbekannte Sprüche hier?
    Du willst erzählen; rege nicht an Verdrießliches.

PHORKYAS.
    Geschichtlich ist es, ist ein Vorwurf keineswegs.
    Raubschiffend ruderte Menelas von Bucht zu Bucht,   8985
    Gestad und Inseln, alles streift' er feindlich an,
    Mit Beute wiederkehrend, wie sie drinnen starrt.
    Vor Ilios verbracht er langer Jahre zehn,
    Zur Heimfahrt aber weiß ich nicht, wie viel es war.

Allein wie steht es hier am Platz um Tyndareos' 8990
Erhabnes Haus? wie stehet es mit dem Reich umher?
HELENA. Ist dir denn so das Schelten gänzlich einverleibt,
Daß ohne Tadeln du keine Lippe regen kannst?
PHORKYAS. So viele Jahre stand verlassen das Talgebirg,
Das hinter Sparta nordwärts in die Höhe steigt, 8995
Taygetos im Rücken, wo als muntrer Bach
Herab Eurotas rollt und dann, durch unser Tal
An Rohren breit hinfließend, eure Schwäne nährt.
Dort hinten still im Gebirgtal hat ein kühn Geschlecht
Sich angesiedelt, dringend aus cimmerischer Nacht, 9000
Und unersteiglich feste Burg sich aufgetürmt,
Von da sie Land und Leute placken, wie's behagt.
HELENA.
Das konnten sie vollführen? Ganz unmöglich scheint's.
PHORKYAS.
Sie hatten Zeit, vielleicht an zwanzig Jahre sind's.
HELENA. Ist *einer* Herr? sind's Räuber viel, Verbündete? 9005
PHORKYAS. Nicht Räuber sind es, *einer* aber ist der Herr.
Ich schelt ihn nicht, und wenn er schon mich heimgesucht.
Wohl konnt er alles nehmen, doch begnügt' er sich
Mit wenigen Freigeschenken, nannt er's, nicht Tribut.
HELENA. Wie sieht er aus?
PHORKYAS.   Nicht übel! mir gefällt er schon.
Es ist ein munterer, kecker, wohlgebildeter, 9011
Wie unter Griechen wenig', ein verständ'ger Mann.
Man schilt das Volk Barbaren, doch ich dächte nicht,
Daß grausam einer wäre, wie vor Ilios
Gar mancher Held sich menschenfresserisch erwies. 9015
Ich acht auf seine Großheit, ihm vertraut ich mich.
Und seine Burg! die solltet ihr mit Augen sehn!
Das ist was anderes gegen plumpes Mauerwerk,
Das eure Väter, mir nichts dir nichts, aufgewälzt,
Zyklopisch wie Zyklopen, rohen Stein sogleich 9020
Auf rohe Steine stürzend; dort hingegen, dort
Ist alles senk- und waagerecht und regelhaft.
Von außen schaut sie! himmelan sie strebt empor,
So starr, so wohl in Fugen, spiegelglatt wie Stahl.
Zu klettern hier – ja selbst der Gedanke gleitet ab. 9025
Und innen großer Höfe Raumgelasse, rings
Mit Baulichkeit umgeben, aller Art und Zweck.

Da seht ihr Säulen, Säulchen, Bogen, Bögelchen,
Altane, Galerien, zu schauen aus und ein,
Und Wappen.
CHOR.   Was sind Wappen?
PHORKYAS.   Ajax führte ja   9030
Geschlungene Schlang im Schilde, wie ihr selbst gesehn.
Die Sieben dort vor Theben trugen Bildnerein
Ein jeder auf seinem Schilde, reich bedeutungsvoll.
Da sah man Mond und Stern' am nächtigen Himmelsraum,
Auch Göttin, Held und Leiter, Schwerter, Fackeln auch,
Und was Bedrängliches guten Städten grimmig droht.   9036
Ein solch Gebilde führt auch unsre Heldenschar
Von seinen Ur-Urahnen her in Farbenglanz.
Da seht ihr Löwen, Adler, Klau und Schnabel auch,
Dann Büffelhörner, Flügel, Rosen, Pfauenschweif,   9040
Auch Streifen, gold und schwarz und silbern, blau und rot.
Dergleichen hängt in Sälen Reih an Reihe fort,
In Sälen, grenzenlosen, wie die Welt so weit;
Da könnt ihr tanzen!
CHOR.   Sage, gibt's auch Tänzer da?
PHORKYAS. Die besten! goldgelockte, frische Bubenschar. 9045
Die duften Jugend! Paris duftete einzig so,
Als er der Königin zu nahe kam.
HELENA.   Du fällst
Ganz aus der Rolle; sage mir das letzte Wort!
PHORKYAS.
Du sprichst das letzte, sagst mit Ernst vernehmlich ja!
Sogleich umgeb ich dich mit jener Burg.
CHOR.   O sprich   9050
Das kurze Wort und rette dich und uns zugleich!
HELENA. Wie? sollt ich fürchten, daß der König Menelas
So grausam sich verginge, mich zu schädigen?
PHORKYAS. Hast du vergessen, wie er deinen Deiphobus,
Des totgekämpften Paris Bruder, unerhört   9055
Verstümmelte, der starrsinnig Witwe dich erstritt
Und glücklich kebste? Nas und Ohren schnitt er ab
Und stümmelte mehr so; Greuel war es anzuschaun.
HELENA. Das tat er jenem, meinetwegen tat er das.
PHORKYAS. Um jenes willen wird er dir das gleiche tun.   9060
Unteilbar ist die Schönheit; der sie ganz besaß,
Zerstört sie lieber, fluchend jedem Teilbesitz.

(Trompeten in der Ferne; der Chor fährt zusammen.)
Wie scharf der Trompete Schmettern Ohr und Eingeweid
Zerreißend anfaßt, also krallt sich Eifersucht
Im Busen fest des Mannes, der das nie vergißt,   9065
Was einst er besaß und nun verlor, nicht mehr besitzt.
CHOR. Hörst du nicht die Hörner schallen? siehst der Waffen
                                    Blitze nicht?

PHORKYAS.
Sei willkommen, Herr und König, gerne geb ich Rechenschaft.
CHOR. Aber wir?
PHORKYAS.   Ihr wißt es deutlich, seht vor Augen ihren Tod,
Merkt den eurigen da drinne; nein, zu helfen ist euch
(Pause.)   ⌊nicht.   9070
HELENA. Ich sann mir aus das Nächste, was ich wagen darf.
Ein Widerdämon bist du, das empfind ich wohl
Und fürchte, Gutes wendest du zum Bösen um.
Vor allem aber folgen will ich dir zur Burg;
Das andre weiß ich; was die Königin dabei   9075
Im tiefen Busen geheimnisvoll verbergen mag,
Sei jedem unzugänglich. Alte, geh voran!

CHOR.   O wie gern gehen wir hin,
               Eilenden Fußes;
               Hinter uns Tod,   9080
               Vor uns abermals
               Ragender Veste
               Unzugängliche Mauer.
               Schütze sie ebenso gut,
               Eben wie Ilios' Burg,   9085
               Die doch endlich nur
               Niederträchtiger List erlag.

          *(Nebel verbreiten sich, umhüllen den Hintergrund,
          auch die Nähe, nach Belieben.)*

               Wie? aber wie?
               Schwestern, schaut euch um!
               War es nicht heiterer Tag?   9090
               Nebel schwanken streifig empor
               Aus Eurotas' heil'ger Flut;
               Schon entschwand das liebliche
               Schilfumkränzte Gestade dem Blick;

Auch die frei, zierlich-stolz 9095
Sanfthingleitenden Schwäne
In gesell'ger Schwimmlust
Seh ich, ach, nicht mehr!

Doch, aber doch
Tönen hör ich sie, 9100
Tönen fern heiseren Ton!
Tod verkündenden, sagen sie;
Ach daß uns er nur nicht auch,
Statt verheißener Rettung Heil,
Untergang verkünde zuletzt; 9105
Uns, den Schwangleichen, Lang-
Schön-Weißhalsigen, und ach!
Unsrer Schwanerzeugten.
Weh uns, weh, weh!

Alles deckte sich schon 9110
Rings mit Nebel umher.
Sehen wir doch einander nicht!
Was geschieht? gehen wir?
Schweben wir nur
Trippelnden Schrittes am Boden hin? 9115
Siehst du nichts? Schwebt nicht etwa gar
Hermes voran? Blinkt nicht der goldne Stab
Heischend, gebietend uns wieder zurück
Zu dem unerfreulichen, grautagenden,
Ungreifbarer Gebilde vollen, 9120
Überfüllten, ewig leeren Hades?

Ja, auf einmal wird es düster, ohne Glanz entschwebt der
Nebel,
Dunkelgräulich, mauerbräunlich. Mauern stellen sich dem
Blicke,
Freiem Blicke starr entgegen. Ist's ein Hof? ist's tiefe Grube?
Schauerlich in jedem Falle! Schwestern, ach! wir sind
gefangen, 9125
So gefangen wie nur je.

Innerer Burghof,

umgeben von reichen phantastischen Gebäuden des
Mittelalters.

CHORFÜHRERIN.
Vorschnell und töricht, echt wahrhaftes Weibsgebild!
Vom Augenblick abhängig, Spiel der Witterung,
Des Glücks und Unglücks! Keins von beiden wißt ihr je
Zu bestehn mit Gleichmut. Eine widerspricht ja stets   9130
Der andern heftig, überquer die andern ihr;
In Freud und Schmerz nur heult und lacht ihr gleichenTons.
Nun schweigt! und wartet horchend, was die Herrscherin
Hochsinnig hier beschließen mag für sich und uns.

HELENA. Wo bist du, Pythonissa? heiße, wie du magst;   9135
Aus diesen Gewölben tritt hervor der düstern Burg.
Gingst etwa du, dem wunderbaren Heldenherrn
Mich anzukündigen, Wohlempfang bereitend mir,
So habe Dank und führe schnell mich ein zu ihm;
Beschluß der Irrfahrt wünsch ich. Ruhe wünsch ich nur.   9140

CHORFÜHRERIN.
Vergebens blickst du, Königin, allseits um dich her;
Verschwunden ist das leidige Bild, verblieb vielleicht
Im Nebel dort, aus dessen Busen wir hieher,
Ich weiß nicht wie, gekommen, schnell und sonder Schritt.
Vielleicht auch irrt sie zweifelhaft im Labyrinth   9145
Der wundersam aus vielen einsgewordnen Burg,
Den Herrn erfragend fürstlicher Hochbegrüßung halb.
Doch sieh, dort oben regt in Menge sich allbereits,
In Galerien, am Fenster, in Portalen rasch
Sich hin und her bewegend, viele Dienerschaft;   9150
Vornehm-willkommnen Gastempfang verkündet es.

CHOR. Auf geht mir das Herz! oh, seht nur dahin,
Wie so sittig herab mit verweilendem Tritt
Jungholdeste Schar anständig bewegt
Den geregelten Zug. Wie? auf wessen Befehl   9155
Nur erscheinen, gereiht und gebildet so früh,
Von Jünglingsknaben das herrliche Volk?
Was bewundr ich zumeist? Ist es zierlicher Gang,
Etwa des Haupts Lockhaar um die blendende Stirn,
Etwa der Wänglein Paar, wie die Pfirsche rot   9160
Und eben auch so weichwollig beflaumt?

Gern biß ich hinein, doch ich schaudre davor;
Denn in ähnlichem Fall, da erfüllte der Mund
Sich, gräßlich zu sagen! mit Asche.
  Aber die schönsten,   9165
  Sie kommen daher;
  Was tragen sie nur?
  Stufen zum Thron,
  Teppich und Sitz,
  Umhang und zelt-   9170
  artigen Schmuck;
  Über überwallt er,
  Wolkenkränze bildend,
  Unsrer Königin Haupt,
  Denn schon bestieg sie,   9175
  Eingeladen, herrlichen Pfühl.
  Tretet heran,
  Stufe für Stufe
  Reihet euch ernst.
  Würdig, o würdig, dreifach würdig 9180
  Sei gesegnet ein solcher Empfang!

(Alles vom Chor Ausgesprochene geschieht nach und nach.)

FAUST. *Nachdem Knaben und Knappen in langem Zug herabgestie-*
gen, erscheint er oben an der Treppe in ritterlicher Hofkleidung des
Mittelalters und kommt langsam würdig herunter.

CHORFÜHRERIN *(ihn aufmerksam beschauend).*
Wenn diesem nicht die Götter, wie sie öfter tun,
Für wenige Zeit nur wundernswürdige Gestalt,
Erhabnen Anstand, liebenswerte Gegenwart
Vorübergänglich liehen, wird ihm jedesmal, 9185
Was er beginnt, gelingen, sei's in Männerschlacht,
So auch im kleinen Kriege mit den schönsten Fraun.
Er ist fürwahr gar vielen andern vorzuziehn,
Die ich doch auch als hochgeschätzt mit Augen sah.
Mit langsam-ernstem, ehrfurchtsvoll gehaltnem Schritt 9190
Seh ich den Fürsten; wende dich, o Königin!
FAUST *(herantretend, einen Gefesselten zur Seite).*
Statt feierlichsten Grußes, wie sich ziemte,
Statt ehrfurchtsvollem Willkomm bring ich dir
In Ketten hart geschlossen solchen Knecht,

Der, Pflicht verfehlend, mir die Pflicht entwand. 9195
Hier kniee nieder! dieser höchsten Frau
Bekenntnis abzulegen deiner Schuld.
Dies ist, erhabne Herrscherin, der Mann,
Mit seltnem Augenblitz vom hohenTurm
Umher zu schaun bestellt, dort Himmelsraum 9200
Und Erdenbreite scharf zu überspähn,
Was etwa da und dort sich melden mag,
Vom Hügelkreis ins Tal zur festen Burg
Sich regen mag, der Herden Woge sei's,
Ein Heereszug vielleicht; wir schützen jene, 9205
Begegnen diesem. Heute, welch Versäumnis!
Du kommst heran, er meldet's nicht; verfehlt
Ist ehrenvoller, schuldigster Empfang
So hohen Gastes. Freventlich verwirkt
Das Leben hat er, läge schon im Blut 9210
Verdienten Todes; doch nur du allein
Bestrafst, begnadigst, wie dir's wohlgefällt.

HELENA. So hohe Würde, wie du sie vergönnst,
Als Richterin, als Herrscherin, und wär's
Versuchend nur, wie ich vermuten darf – 9215
So üb ich nun des Richters erste Pflicht,
Beschuldigte zu hören. Rede denn.

TURMWÄRTER LYNCEUS. Laß mich knieen, laß mich schauen,
Laß mich sterben, laß mich leben,
Denn schon bin ich hingegeben,
Dieser gottgegebnen Frauen. 9220

Harrend auf des Morgens Wonne,
Östlich spähend ihren Lauf,
Ging auf einmal mir die Sonne
Wunderbar im Süden auf. 9225

Zog den Blick nach jener Seite,
Statt der Schluchten, statt der Höhn,
Statt der Erd- und Himmelsweite
Sie, die Einzige, zu spähn.

Augenstrahl ist mir verliehen 9230
Wie dem Luchs auf höchstem Baum,
Doch nun mußt ich mich bemühen
Wie aus tiefem, düsterm Traum.

    Wüßt ich irgend mich zu finden?
    Zinne? Turm? geschloßnes Tor?   9235
    Nebel schwanken, Nebel schwinden,
    Solche Göttin tritt hervor!

    Aug und Brust ihr zugewendet,
    Sog ich an den milden Glanz;
    Diese Schönheit, wie sie blendet,   9240
    Blendete mich Armen ganz.

    Ich vergaß des Wächters Pflichten,
    Völlig das beschworne Horn;
    Drohe nur, mich zu vernichten –
    Schönheit bändigt allen Zorn.   9245

HELENA. Das Übel, das ich brachte, darf ich nicht
Bestrafen. Wehe mir! Welch streng Geschick
Verfolgt mich, überall der Männer Busen
So zu betören, daß sie weder sich
Noch sonst ein Würdiges verschonten. Raubend jetzt,   9250
Verführend, fechtend, hin und her entrückend,
Halbgötter, Helden, Götter, ja Dämonen,
Sie führten mich im Irren her und hin.
Einfach die Welt verwirrt ich, doppelt mehr;
Nun dreifach, vierfach bring ich Not auf Not.   9255
Entferne diesen Guten, laß ihn frei;
Den Gottbetörten treffe keine Schmach.

FAUST. Erstaunt, o Königin, seh ich zugleich
Die sicher Treffende, hier den Getroffnen;
Ich seh den Bogen, der den Pfeil entsandt,   9260
Verwundet jenen. Pfeile folgen Pfeilen,
Mich treffend. Allwärts ahn ich überquer
Gefiedert schwirrend sie in Burg und Raum.
Was bin ich nun? Auf einmal machst du mir
Rebellisch die Getreusten, meine Mauern   9265
Unsicher. Also fürcht ich schon, mein Heer
Gehorcht der siegend unbesiegten Frau.
Was bleibt mir übrig, als mich selbst und alles,
Im Wahn das Meine, dir anheim zu geben?
Zu deinen Füßen laß mich, frei und treu,   9270
Dich Herrin anerkennen, die sogleich
Auftretend sich Besitz und Thron erwarb.

LYNCEUS *(mit einer Kiste, und Männer, die ihm andere nachtragen).*

Du siehst mich, Königin, zurück!
Der Reiche bettelt einen Blick,
Er sieht dich an und fühlt sogleich
Sich bettelarm und fürstenreich.

Was war ich erst? was bin ich nun?
Was ist zu wollen? was zu tun?
Was hilft der Augen schärfster Blitz!
Er prallt zurück an deinem Sitz.

Von Osten kamen wir heran,
Und um den Westen war's getan;
Ein lang und breites Volksgewicht,
Der erste wußte vom letzten nicht.

Der erste fiel, der zweite stand,
Des dritten Lanze war zur Hand;
Ein jeder hundertfach gestärkt,
Erschlagne Tausend unbemerkt.

Wir drängten fort, wir stürmten fort,
Wir waren Herrn von Ort zu Ort;
Und wo ich herrisch heut befahl,
Ein andrer morgen raubt' und stahl.

Wir schauten – eilig war die Schau;
Der griff die allerschönste Frau,
Der griff den Stier von festem Tritt,
Die Pferde mußten alle mit.

Ich aber liebte zu erspähn
Das Seltenste, was man gesehn;
Und was ein andrer auch besaß,
Das war für mich gedörrtes Gras.

Den Schätzen war ich auf der Spur,
Den scharfen Blicken folgt ich nur,
In alle Taschen blickt ich ein,
Durchsichtig war mir jeder Schrein.

Und Haufen Goldes waren mein,
Am herrlichsten der Edelstein:
Nun der Smaragd allein verdient,
Daß er an deinem Herzen grünt.

Nun schwanke zwischen Ohr und Mund
Das Tropfenei aus Meeresgrund;   9310
Rubinen werden gar verscheucht,
Das Wangenrot sie niederbleicht.

Und so den allergrößten Schatz
Versetz ich hier auf deinen Platz;
Zu deinen Füßen sei gebracht   9315
Die Ernte mancher blut'gen Schlacht.

So viele Kisten schlepp ich her,
Der Eisenkisten hab ich mehr;
Erlaube mich auf deiner Bahn,
Und Schatzgewölbe füll ich an.   9320

Denn du bestiegest kaum den Thron,
So neigen schon, so beugen schon
Verstand und Reichtum und Gewalt
Sich vor der einzigen Gestalt.

Das alles hielt ich fest und mein,   9325
Nun aber, lose, wird es dein.
Ich glaubt es würdig, hoch und bar,
Nun seh ich, daß es nichtig war.

Verschwunden ist, was ich besaß,
Ein abgemähtes, welkes Gras.   9330
O gib mit einem heitern Blick
Ihm seinen ganzen Wert zurück!

FAUST. Entferne schnell die kühn erworbne Last,
Zwar nicht getadelt, aber unbelohnt.
Schon ist Ihr alles eigen, was die Burg   9335
Im Schoß verbirgt, Besondres Ihr zu bieten,
Ist unnütz. Geh und häufe Schatz auf Schatz
Geordnet an. Der ungesehnen Pracht
Erhabnes Bild stell auf! Laß die Gewölbe
Wie frische Himmel blinken, Paradiese   9340
Von lebelosem Leben richte zu.
Voreilend ihren Tritten, laß beblümt
An Teppich Teppiche sich wälzen; ihrem Tritt
Begegne sanfter Boden, ihrem Blick,
Nur Göttliche nicht blendend, höchster Glanz.   9345

LYNCEUS. Schwach ist, was der Herr befiehlt,
    Tut's der Diener, es ist gespielt:
    Herrscht doch über Gut und Blut
    Dieser Schönheit Übermut.
    Schon das ganze Heer ist zahm, 9350
    Alle Schwerter stumpf und lahm,
    Vor der herrlichen Gestalt
    Selbst die Sonne matt und kalt,
    Vor dem Reichtum des Gesichts
    Alles leer und alles nichts. *(Ab.)* 9355

HELENA *(zu Faust).*
  Ich wünsche dich zu sprechen, doch herauf
  An meine Seite komm! der leere Platz
  Beruft den Herrn und sichert mir den meinen.

FAUST. Erst knieend laß die treue Widmung dir
  Gefallen, hohe Frau; die Hand, die mich 9360
  An deine Seite hebt, laß mich sie küssen.
  Bestärke mich als Mitregenten deines
  Grenzunbewußten Reichs, gewinne dir
  Verehrer, Diener, Wächter all in einem!

HELENA. Vielfache Wunder seh ich, hör ich an. 9365
  Erstaunen trifft mich, fragen möcht ich viel.
  Doch wünscht ich Unterricht, warum die Rede
  Des Manns mir seltsam klang, seltsam und freundlich.
  Ein Ton scheint sich dem andern zu bequemen,
  Und hat ein Wort zum Ohre sich gesellt, 9370
  Ein andres kommt, dem ersten liebzukosen.

FAUST. Gefällt dir schon die Sprechart unsrer Völker,
  O so gewiß entzückt auch der Gesang,
  Befriedigt Ohr und Sinn im tiefsten Grunde.
  Doch ist am sichersten, wir üben's gleich; 9375
  Die Wechselrede lockt es, ruft's hervor.

HELENA. So sage denn, wie sprech ich auch so schön?

FAUST. Das ist gar leicht, es muß von Herzen gehn.
  Und wenn die Brust von Sehnsucht überfließt,
  Man sieht sich um und fragt –

HELENA.   wer mitgenießt. 9380

FAUST.
  Nun schaut der Geist nicht vorwärts, nicht zurück,
  Die Gegenwart allein –

HELENA.   ist unser Glück.

FAUST. Schatz ist sie, Hochgewinn, Besitz und Pfand;
  Bestätigung, wer gibt sie?
HELENA.   Meine Hand.

CHOR.   Wer verdächt es unsrer Fürstin,   9385
          Gönnet sie dem Herrn der Burg
          Freundliches Erzeigen?
          Denn gesteht, sämtliche sind wir
          Ja Gefangene, wie schon öfter
          Seit dem schmählichen Untergang   9390
          Ilios' und der ängstlich-
          labyrinthischen Kummerfahrt.

          Fraun, gewöhnt an Männerliebe,
          Wählerinnen sind sie nicht,
          Aber Kennerinnen.   9395
          Und wie goldlockigen Hirten,
          Vielleicht schwarzborstigen Faunen,
          Wie es bringt die Gelegenheit,
          Über die schwellenden Glieder
          Vollerteilen sie gleiches Recht.   9400

          Nah und näher sitzen sie schon,
          Aneinander gelehnet,
          Schulter an Schulter, Knie an Knie,
          Hand in Hand wiegen sie sich
          Über des Throns   9405
          Aufgepolsterter Herrlichkeit.
          Nicht versagt sich die Majestät
          Heimlicher Freuden
          Vor den Augen des Volkes
          Übermütiges Offenbarsein.   9410

HELENA. Ich fühle mich so fern und doch so nah
  Und sage nur zu gern: Da bin ich! da!
FAUST.
  Ich atme kaum, mir zittert, stockt das Wort;
  Es ist ein Traum, verschwunden Tag und Ort.
HELENA. Ich scheine mir verlebt und doch so neu,   9415
  In dich verwebt, dem Unbekannten treu.
FAUST.
  Durchgrüble nicht das einzigste Geschick!
  Dasein ist Pflicht, und wär's ein Augenblick.

PHORKYAS *(heftig eintretend)*.

        Buchstabiert in Liebesfibeln,
        Tändelnd grübelt nur am Liebeln,   9420
        Müßig liebelt fort im Grübeln,
        Doch dazu ist keine Zeit.
        Fühlt ihr nicht ein dumpfes Wettern?
        Hört nur die Trompete schmettern,
        Das Verderben ist nicht weit.   9425
        Menelas mit Volkeswogen
        Kommt auf euch herangezogen;
        Rüstet euch zu herbem Streit!
        Von der Siegerschar umwimmelt,
        Wie Deiphobus verstümmelt,   9430
        Büßest du das Fraungeleit.
        Bammelt erst die leichte Ware,
        Dieser gleich ist am Altare
        Neugeschliffnes Beil bereit.

FAUST.

Verwegne Störung! widerwärtig dringt sie ein;   9435
Auch nicht in Gefahren mag ich sinnlos Ungestüm.
Den schönsten Boten, Unglücksbotschaft häßlicht ihn;
Du Häßlichste gar, nur schlimme Botschaft bringst du gern.
Doch diesmal soll dir's nicht geraten, leeren Hauchs
Erschüttere du die Lüfte. Hier ist nicht Gefahr,   9440
Und selbst Gefahr erschiene nur als eitles Dräun.
*(Signale, Explosionen von den Türmen, Trompeten und Zinken,
kriegerische Musik, Durchmarsch gewaltiger Heereskraft.)*

FAUST.   Nein, gleich sollst du versammelt schauen
        Der Helden ungetrennten Kreis:
        Nur der verdient die Gunst der Frauen,
        Der kräftigst sie zu schützen weiß.   9445

        *(Zu den Heerführern, die sich von den Kolonnen
        absondern und herantreten.)*

        Mit angehaltnem stillen Wüten,
        Das euch gewiß den Sieg verschafft,
        Ihr, Nordens jugendliche Blüten,
        Ihr, Ostens blumenreiche Kraft.

        In Stahl gehüllt, vom Strahl umwittert,   9450
        Die Schar, die Reich um Reich zerbrach,

Sie treten auf, die Erde schüttert,
Sie schreiten fort, es donnert nach.

An Pylos traten wir zu Lande,
Der alte Nestor ist nicht mehr,   9455
Und alle kleinen Königsbande
Zersprengt das ungebundne Heer.

Drängt ungesäumt von diesen Mauern
Jetzt Menelas dem Meer zurück;
Dort irren mag er, rauben, lauern,   9460
Ihm war es Neigung und Geschick.

Herzoge soll ich euch begrüßen,
Gebietet Spartas Königin;
Nun legt ihr Berg und Tal zu Füßen,
Und euer sei des Reichs Gewinn.   9465

Germane du, Korinthus' Buchten
Verteidige mit Wall und Schutz!
Achaia dann mit hundert Schluchten
Empfehl ich, Gote, deinem Trutz.

Nach Elis ziehn der Franken Heere,   9470
Messene sei der Sachsen Los,
Normanne reinige die Meere,
Und Argolis erschaff er groß.

Dann wird ein jeder häuslich wohnen,
Nach außen richten Kraft und Blitz;   9475
Doch Sparta soll euch überthronen,
Der Königin verjährter Sitz.

All-Einzeln sieht sie euch genießen
Des Landes, dem kein Wohl gebricht;
Ihr sucht getrost zu ihren Füßen   9480
Bestätigung und Recht und Licht.

*(Faust steigt herab, die Fürsten schließen einen Kreis um
ihn, Befehl und Anordnung näher zu vernehmen.)*

CHOR.   Wer die Schönste für sich begehrt,
          Tüchtig vor allen Dingen
          Seh er nach Waffen weise sich um;
          Schmeichelnd wohl gewann er sich,   9485

Was auf Erden das Höchste;
Aber ruhig besitzt er's nicht:
Schleicher listig entschmeicheln sie ihm,
Räuber kühnlich entreißen sie ihm;
Dieses zu hindern, sei er bedacht.   9490

Unsern Fürsten lob ich drum,
Schätz ihn höher vor andern,
Wie er so tapfer klug sich verband,
Daß die Starken gehorchend stehn,
Jedes Winkes gewärtig.   9495
Seinen Befehl vollziehn sie treu,
Jeder sich selbst zu eignem Nutz
Wie dem Herrscher zu lohnendem Dank,
Beiden zu höchlichem Ruhmesgewinn.

Denn wer entreißet sie jetzt   9500
Dem gewalt'gen Besitzer?
Ihm gehört sie, ihm sei sie gegönnt,
Doppelt von uns gegönnt, die er
Samt ihr zugleich innen mit sicherster Mauer,
Außen mit mächtigstem Heer umgab.   9505

FAUST. Die Gaben, diesen hier verliehen –
An jeglichen ein reiches Land –,
Sind groß und herrlich; laß sie ziehen!
Wir halten in der Mitte stand.

Und sie beschützen um die Wette,   9510
Ringsum von Wellen angehüpft,
Nichtinsel dich, mit leichter Hügelkette
Europens letztem Bergast angeknüpft.

Das Land, vor aller Länder Sonnen,
Sei ewig jedem Stamm beglückt,   9515
Nun meiner Königin gewonnen,
Das früh an ihr hinaufgeblickt,

Als mit Eurotas' Schilfgeflüster
Sie leuchtend aus der Schale brach,
Der hohen Mutter, dem Geschwister   9520
Das Licht der Augen überstach.

Dies Land, allein zu dir gekehret,
Entbietet seinen höchsten Flor;
Dem Erdkreis, der dir angehöret,
Dein Vaterland, o zieh es vor!   9525

Und duldet auch auf seiner Berge Rücken
Das Zackenhaupt der Sonne kalten Pfeil,
Läßt nun der Fels sich angegrünt erblicken,
Die Ziege nimmt genäschig kargen Teil.

Die Quelle springt, vereinigt stürzen Bäche,   9530
Und schon sind Schluchten, Hänge, Matten grün.
Auf hundert Hügeln unterbrochner Fläche
Siehst Wollenherden ausgebreitet ziehn.

Verteilt, vorsichtig abgemessen schreitet
Gehörntes Rind hinan zum jähen Rand,   9535
Doch Obdach ist den sämtlichen bereitet,
Zu hundert Höhlen wölbt sich Felsenwand.

Pan schützt sie dort, und Lebensnymphen wohnen
In buschiger Klüfte feucht erfrischtem Raum,
Und sehnsuchtsvoll nach höhern Regionen   9540
Erhebt sich zweighaft Baum gedrängt an Baum.

Altwälder sind's! Die Eiche starret mächtig,
Und eigensinnig zackt sich Ast an Ast;
Der Ahorn mild, von süßem Safte trächtig,
Steigt rein empor und spielt mit seiner Last.   9545

Und mütterlich im stillen Schattenkreise
Quillt laue Milch, bereit für Kind und Lamm;
Obst ist nicht weit, der Ebnen reife Speise,
Und Honig trieft vom ausgehöhlten Stamm.

Hier ist das Wohlbehagen erblich,   9550
Die Wange heitert wie der Mund,
Ein jeder ist an seinem Platz unsterblich:
Sie sind zufrieden und gesund.

Und so entwickelt sich am reinen Tage
Zu Vaterkraft das holde Kind.   9555
Wir staunen drob; noch immer bleibt die Frage:
Ob's Götter, ob es Menschen sind?

So war Apoll den Hirten zugestaltet,
Daß ihm der schönsten einer glich;
Denn wo Natur im reinen Kreise waltet,   9560
Ergreifen alle Welten sich.

(Neben ihr sitzend.)

So ist es mir, so ist es dir gelungen,
Vergangenheit sei hinter uns getan;
O fühle dich vom höchsten Gott entsprungen,
Der ersten Welt gehörst du einzig an.   9565

Nicht feste Burg soll dich umschreiben!
Noch zirkt in ewiger Jugendkraft
Für uns, zu wonnevollem Bleiben,
Arkadien in Spartas Nachbarschaft.

Gelockt, auf sel'gem Grund zu wohnen,   9570
Du flüchtetest ins heiterste Geschick!
Zur Laube wandeln sich die Thronen,
Arkadisch frei sei unser Glück!

Der Schauplatz verwandelt sich durchaus

An eine Reihe von Felsenhöhlen lehnen sich geschloßne Lauben.
Schattiger Hain bis an die rings umgebende Felsensteile hinan. Faust
und Helena werden nicht gesehen. Der Chor liegt schlafend verteilt
umher.

PHORKYAS.
Wie lange Zeit die Mädchen schlafen, weiß ich nicht;
Ob sie sich träumen ließen, was ich hell und klar   9575
Vor Augen sah, ist ebenfalls mir unbekannt.
Drum weck ich sie. Erstaunen soll das junge Volk;
Ihr Bärtigen auch, die ihr da drunten sitzend harrt,
Glaubhafter Wunder Lösung endlich anzuschaun.
Hervor! hervor! Und schüttelt eure Locken rasch!   9580
Schlaf aus den Augen! Blinzt nicht so, und hört mich an!
CHOR.
Rede nur, erzähl, erzähle, was sich Wunderlichs begeben!
Hören möchten wir am liebsten, was wir gar nicht glauben
                                                    können;
Denn wir haben lange Weile, diese Felsen anzusehn.

PHORKYAS.
    Kaum die Augen ausgerieben, Kinder, langeweilt ihr schon?
    So vernehmt: in diesen Höhlen, diesen Grotten, diesen
                          Lauben   9586
    Schutz und Schirmung war verliehen, wie idyllischem
                          Liebespaare,
    Unserm Herrn und unsrer Frauen.
CHOR.   Wie, da drinnen?
PHORKYAS.   Abgesondert
    Von der Welt, nur mich, die eine, riefen sie zu stillem Dienste.
    Hochgeehrt stand ich zur Seite, doch, wie es Vertrauten
                          ziemet,   9590
    Schaut ich um nach etwas andrem; wendete mich hier- und
                          dorthin,
    Suchte Wurzeln, Moos und Rinden, kundig aller
                          Wirksamkeiten,
    Und so blieben sie allein.
CHOR.
    Tust du doch, als ob da drinnen ganze Weltenräume wären,
    Wald und Wiese, Bäche, Seen; welche Märchen spinnst du ab!
PHORKYAS.
    Allerdings, ihr Unerfahrnen! das sind unerforschte Tiefen: 9596
    Saal an Sälen, Hof an Höfen, diese spür ich sinnend aus.
    Doch auf einmal ein Gelächter echot in den Höhlenräumen;
    Schau ich hin, da springt ein Knabe von der Frauen Schoß zum
                          Manne,   9599
    Von dem Vater zu der Mutter; das Gekose, das Getändel,
    Töriger Liebe Neckereien, Scherzgeschrei und Lustgejauchze
    Wechselnd übertäuben mich.
    Nackt, ein Genius ohne Flügel, faunenartig ohne Tierheit,
    Springt er auf den festen Boden; doch der Boden
                          gegenwirkend
    Schnellt ihn zur luft'gen Höhe, und im zweiten, dritten
                          Sprunge   9605
    Rührt er an das Hochgewölb.
    Ängstlich ruft die Mutter: Springe wiederholt und nach
                          Belieben,
    Aber hüte dich zu fliegen, freier Flug ist dir versagt.
    Und so mahnt der treue Vater: In der Erde liegt die
                          Schnellkraft,
    Die dich aufwärts treibt; berühre mit der Zehe nur den Boden,

Wie der Erdensohn Antäus bist du alsobald gestärkt.   9611
Und so hüpft er auf die Masse dieses Felsens, von der Kante
Zu dem andern und umher, so wie ein Ball geschlagen springt.

Doch auf einmal in der Spalte rauher Schlucht ist er
           verschwunden,
Und nun scheint er uns verloren. Mutter jammert, Vater
           tröstet,   9615
Achselzuckend steh ich ängstlich. Doch nun wieder welch
           Erscheinen!
Liegen Schätze dort verborgen? Blumenstreifige Gewande
Hat er würdig angetan.
Quasten schwanken von den Armen, Binden flattern um den
           Busen,
In der Hand die goldne Leier, völlig wie ein kleiner
           Phöbus   9620
Tritt er wohlgemut zur Kante, zu dem Überhang; wir staunen.
Und die Eltern vor Entzücken werfen wechselnd sich ans
           Herz.
Denn wie leuchtet's ihm zu Haupten? Was erglänzt, ist schwer
           zu sagen,
Ist es Goldschmuck, ist es Flamme übermächtiger
           Geisteskraft?
Und so regt er sich gebärdend, sich als Knabe schon
           verkündend   9625
Künftigen Meister alles Schönen, dem die ewigen Melodien
Durch die Glieder sich bewegen; und so werdet ihr ihn hören,
Und so werdet ihr ihn sehn zu einzigster Bewunderung.

CHOR.   Nennst du ein Wunder dies,
           Kretas Erzeugte?   9630
           Dichtend belehrendem Wort
           Hast du gelauscht wohl nimmer?
           Niemals noch gehört Ioniens,
           Nie vernommen auch Hellas'
           Urväterlicher Sagen   9635
           Göttlich-heldenhaften Reichtum?

           Alles, was je geschieht
           Heutigen Tages,
           Trauriger Nachklang ist's
           Herrlicher Ahnherrntage;   9640

Nicht vergleicht sich dein Erzählen
Dem, was liebliche Lüge,
Glaubhaftiger als Wahrheit,
Von dem Sohne sang der Maja.

Diesen zierlich und kräftig doch   9645
Kaum geborenen Säugling
Faltet in reinster Windeln Flaum,
Strenget in köstlicher Wickeln Schmuck
Klatschender Wärterinnen Schar
Unvernünftigen Wähnens.   9650
Kräftig und zierlich aber zieht
Schon der Schalk die geschmeidigen,
Doch elastischen Glieder
Listig heraus, die purpurne,
Ängstlich drückende Schale   9655
Lassend ruhig an seiner Statt;
Gleich dem fertigen Schmetterling,
Der aus starrem Puppenzwang
Flügel entfaltend behendig schlüpft,
Sonnedurchstrahlten Äther kühn   9660
Und mutwillig durchflatternd.

So auch er, der behendeste,
Daß er Dieben und Schälken,
Vorteilsuchenden allen auch
Ewig günstiger Dämon sei.   9665
Dies betätigt er alsobald
Durch gewandteste Künste.
Schnell des Meeres Beherrscher stiehlt
Er den Trident, ja dem Ares selbst
Schlau das Schwert aus der Scheide;   9670
Bogen und Pfeil dem Phöbus auch,
Wie dem Hephästos die Zange;
Selber Zeus', des Vaters, Blitz
Nähm er, schreckt' ihn das Feuer nicht;
Doch dem Eros siegt er ob   9675
In beinstellendem Ringerspiel;
Raubt auch Cyprien, wie sie ihm kost,
Noch vom Busen den Gürtel.

(Ein reizendes, reinmelodisches Saitenspiel erklingt aus der Höhle.
Alle merken auf und scheinen bald innig gerührt. Von hier an bis
zur bemerkten Pause durchaus mit vollstimmiger Musik.)

PHORKYAS. Höret allerliebste Klänge,
        Macht euch schnell von Fabeln frei!   9680
        Eurer Götter alt Gemenge,
        Laßt es hin, es ist vorbei.

        Niemand will euch mehr verstehen,
        Fordern wir doch höhern Zoll:
        Denn es muß von Herzen gehen,   9685
        Was auf Herzen wirken soll.
        (Sie zieht sich nach den Felsen zurück.)

CHOR.   Bist du, fürchterliches Wesen,
        Diesem Schmeichelton geneigt,
        Fühlen wir, als frisch genesen,
        Uns zur Tränenlust erweicht.   9690

        Laß der Sonne Glanz verschwinden,
        Wenn es in der Seele tagt,
        Wir im eignen Herzen finden,
        Was die ganze Welt versagt.

HELENA, FAUST, EUPHORION *in dem oben beschriebenen Kostüm.*

EUPHORION. Hört ihr Kindeslieder singen,   9695
        Gleich ist's euer eigner Scherz;
        Seht ihr mich im Takte springen,
        Hüpft euch elterlich das Herz.

HELENA.   Liebe, menschlich zu beglücken,
        Nähert sie ein edles Zwei,   9700
        Doch zu göttlichem Entzücken
        Bildet sie ein köstlich Drei.

FAUST.   Alles ist sodann gefunden:
        Ich bin dein, und du bist mein;
        Und so stehen wir verbunden,   9705
        Dürft es doch nicht anders sein!

CHOR.   Wohlgefallen vieler Jahre
        In des Knaben mildem Schein
        Sammelt sich auf diesem Paare.
        Oh, wie rührt mich der Verein!   9710

EUPHORION.   Nun laßt mich hüpfen,
              Nun laßt mich springen!
              Zu allen Lüften
              Hinauf zu dringen,
              Ist mir Begierde,   9715
              Sie faßt mich schon.
FAUST.   Nur mäßig! mäßig!
              Nicht ins Verwegne,
              Daß Sturz und Unfall
              Dir nicht begegne,   9720
              Zugrund uns richte
              Der teure Sohn!
EUPHORION.   Ich will nicht länger
              Am Boden stocken;
              Laßt meine Hände,   9725
              Laßt meine Locken,
              Laßt meine Kleider!
              Sie sind ja mein.
HELENA.   O denk! o denke,
              Wem du gehörest!   9730
              Wie es uns kränke,
              Wie du zerstörest
              Das schön errungene
              Mein, Dein und Sein.
CHOR.   Bald löst, ich fürchte,   9735
              Sich der Verein!
HELENA und FAUST.
              Bändige! bändige
              Eltern zuliebe
              Überlebendige,
              Heftige Triebe!   9740
              Ländlich im stillen
              Ziere den Plan.
EUPHORION.   Nur euch zu Willen
              Halt ich mich an.
              (Durch den Chor sich schlingend und ihn
              zum Tanze fortziehend.)
              Leichter umschweb ich hie   9745
              Muntres Geschlecht.
              Ist nun die Melodie,
              Ist die Bewegung recht?

HELENA.   Ja, das ist wohlgetan;
                Führe die Schönen an   9750
                Künstlichem Reihn.

FAUST.   Wäre das doch vorbei!
                Mich kann die Gaukelei
                Gar nicht erfreun.

*(Euphorion und Chor tanzend und singend bewegen sich
in verschlungenem Reihen.)*

CHOR.   Wenn du der Arme Paar   9755
                Lieblich bewegest,
                Im Glanz dein lockig Haar
                Schüttelnd erregest,
                Wenn dir der Fuß so leicht
                Über die Erde schleicht,   9760
                Dort und da wieder hin
                Glieder um Glied sich ziehn,
                Hast du dein Ziel erreicht,
                Liebliches Kind;
                All unsre Herzen sind   9765
                All dir geneigt.

                (Pause.)

EUPHORION. Ihr seid so viele
                Leichtfüßige Rehe;
                Zu neuem Spiele
                Frisch aus der Nähe!   9770
                Ich bin der Jäger,
                Ihr seid das Wild.

CHOR.   Willst du uns fangen,
                Sei nicht behende,
                Denn wir verlangen   9775
                Doch nur am Ende,
                Dich zu umarmen,
                Du schönes Bild!

EUPHORION. Nur durch die Haine!
                Zu Stock und Steine!   9780
                Das leicht Errungene,
                Das widert mir,
                Nur das Erzwungene
                Ergetzt mich schier.

HELENA und FAUST.

Welch ein Mutwill! welch ein Rasen!   9785
Keine Mäßigung ist zu hoffen.
Klingt es doch wie Hörnerblasen
Über Tal und Wälder dröhnend;
Welch ein Unfug! welch Geschrei!

CHOR *(einzeln schnell eintretend).*

Uns ist er vorbeigelaufen;   9790
Mit Verachtung uns verhöhnend,
Schleppt er von dem ganzen Haufen
Nun die Wildeste herbei.

EUPHORION *(ein junges Mädchen hereintragend).*

Schlepp ich her die derbe Kleine
Zu erzwungenem Genusse;   9795
Mir zur Wonne, mir zur Lust
Drück ich widerspenstige Brust,
Küß ich widerwärtigen Mund,
Tue Kraft und Willen kund.

MÄDCHEN. Laß mich los! In dieser Hülle   9800

Ist auch Geistes Mut und Kraft;
Deinem gleich ist unser Wille
Nicht so leicht hinweggerafft.
Glaubst du wohl mich im Gedränge?
Deinem Arm vertraust du viel!   9805
Halte fest, und ich versenge
Dich, den Toren, mir zum Spiel.

(Sie flammt auf und lodert in die Höhe.)

Folge mir in leichte Lüfte,
Folge mir in starre Grüfte,
Hasche das verschwundne Ziel!   9810

EUPHORION *(die letzten Flammen abschüttelnd).*

Felsengedränge hier
Zwischen dem Waldgebüsch,
Was soll die Enge mir,
Bin ich doch jung und frisch.
Winde, sie sausen ja,   9815
Wellen, sie brausen da;
Hör ich doch beides fern,
Nah wär ich gern.

(Er springt immer höher felsauf.)

HELENA, FAUST und CHOR.
   Wolltest du den Gemsen gleichen?
   Vor dem Falle muß uns graun.   9820

EUPHORION. Immer höher muß ich steigen,
   Immer weiter muß ich schaun.
    Weiß ich nun, wo ich bin!
    Mitten der Insel drin,
    Mitten in Pelops' Land,   9825
    Erde- wie seeverwandt.

CHOR. Magst nicht in Berg und Wald
   Friedlich verweilen?
   Suchen wir alsobald
   Reben in Zeilen,   9830
   Reben am Hügelrand,
   Feigen und Apfelgold.
   Ach in dem holden Land
   Bleibe du hold!

EUPHORION. Träumt ihr den Friedenstag?   9835
   Träume, wer träumen mag.
   Krieg! ist das Losungswort.
   Sieg! und so klingt es fort.

CHOR. Wer im Frieden
   Wünschet sich Krieg zurück,   9840
   Der ist geschieden
   Vom Hoffnungsglück.

EUPHORION. Welche dies Land gebar
   Aus Gefahr in Gefahr,
   Frei, unbegrenzten Muts,   9845
   Verschwendrisch eignen Bluts;
   Dem nicht zu dämpfenden
   Heiligen Sinn,
   Alle den Kämpfenden
   Bring es Gewinn!   9850

CHOR. Seht hinauf, wie hoch gestiegen!
   Und er scheint uns doch nicht klein,
   Wie im Harnisch, wie zum Siegen,
   Wie von Erz und Stahl der Schein.

EUPHORION. Keine Wälle, keine Mauern,   9855
   Jeder nur sich selbst bewußt;
   Feste Burg, um auszudauern,
   Ist des Mannes ehrne Brust.

Wollt ihr unerobert wohnen,
Leicht bewaffnet rasch ins Feld! 9860
Frauen werden Amazonen
Und ein jedes Kind ein Held.

CHOR. Heilige Poesie,
Himmelan steige sie!
Glänze, der schönste Stern, 9865
Fern und so weiter fern!
Und sie erreicht uns doch
Immer, man hört sie noch,
Vernimmt sie gern.

EUPHORION. Nein, nicht ein Kind bin ich erschienen, 9870
In Waffen kommt der Jüngling an;
Gesellt zu Starken, Freien, Kühnen,
Hat er im Geiste schon getan.
Nun fort!
Nun dort 9875
Eröffnet sich zum Ruhm die Bahn.

HELENA und FAUST. Kaum ins Leben eingerufen,
Heitrem Tag gegeben kaum,
Sehnest du von Schwindelstufen
Dich zu schmerzenvollem Raum. 9880
Sind denn wir
Gar nichts dir?
Ist der holde Bund ein Traum?

EUPHORION. Und hört ihr donnern auf dem Meere?
Dort widerdonnern Tal um Tal, 9885
In Staub und Wellen, Heer dem Heere,
In Drang um Drang, zu Schmerz und Qual.
Und der Tod
Ist Gebot,
Das versteht sich nun einmal. 9890

HELENA, FAUST und CHOR.
Welch Entsetzen! welches Grauen!
Ist der Tod denn dir Gebot?

EUPHORION. Sollt ich aus der Ferne schauen?
Nein! ich teile Sorg und Not.

DIE VORIGEN. Übermut und Gefahr, 9895
Tödliches Los!

EUPHORION. Doch! – und ein Flügelpaar
Faltet sich los!

Dorthin! Ich muß! ich muß!
Gönnt mir den Flug! 9900
(Er wirft sich in die Lüfte, die Gewande tragen ihn einen Augenblick, sein Haupt strahlt, ein Lichtschweif zieht nach.)
CHOR. Ikarus! Ikarus!
Jammer genug.
(Ein schöner Jüngling stürzt zu der Eltern Füßen, man glaubt in dem Toten eine bekannte Gestalt zu erblicken; doch das Körperliche verschwindet sogleich, die Aureole steigt wie ein Komet zum Himmel auf, Kleid, Mantel und Lyra bleiben liegen.)
HELENA und FAUST. Der Freude folgt sogleich
Grimmige Pein.
EUPHORIONS STIMME AUS DER TIEFE.
Laß mich im düstern Reich, 9905
Mutter, mich nicht allein! *(Pause.)*
CHOR *(Trauergesang).*
Nicht allein! – wo du auch weilest,
Denn wir glauben dich zu kennen,
Ach! wenn du dem Tag enteilest,
Wird kein Herz von dir sich trennen. 9910
Wüßten wir doch kaum zu klagen,
Neidend singen wir dein Los:
Dir in klar' und trüben Tagen
Lied und Mut war schön und groß.

Ach! zum Erdenglück geboren, 9915
Hoher Ahnen, großer Kraft,
Leider früh dir selbst verloren,
Jugendblüte weggerafft!
Scharfer Blick, die Welt zu schauen,
Mitsinn jedem Herzensdrang, 9920
Liebesglut der besten Frauen
Und ein eigenster Gesang.

Doch du ranntest unaufhaltsam
Frei ins willenlose Netz,
So entzweitest du gewaltsam 9925
Dich mit Sitte, mit Gesetz;
Doch zuletzt das höchste Sinnen
Gab dem reinen Mut Gewicht,
Wolltest Herrliches gewinnen,
Aber es gelang dir nicht. 9930

Wem gelingt es? – Trübe Frage,
Der das Schicksal sich vermummt,
Wenn am unglückseligsten Tage
Blutend alles Volk verstummt.
Doch erfrischet neue Lieder,   9935
Steht nicht länger tief gebeugt:
Denn der Boden zeugt sie wieder,
Wie von je er sie gezeugt.
(Völlige Pause. Die Musik hört auf.)

HELENA *(zu Faust).*
Ein altes Wort bewährt sich leider auch an mir:
Daß Glück und Schönheit dauerhaft sich nicht vereint.   9940
Zerrissen ist des Lebens wie der Liebe Band;
Bejammernd beide, sag ich schmerzlich Lebewohl
Und werfe mich noch einmal in die Arme dir.
Persephoneia, nimm den Knaben auf und mich.
(Sie umarmt Faust, das Körperliche verschwindet, Kleid und
Schleier bleiben ihm in den Armen.)

PHORKYAS *(zu Faust).*
Halte fest, was dir von allem übrig blieb.   9945
Das Kleid, laß es nicht los. Da zupfen schon
Dämonen an den Zipfeln, möchten gern
Zur Unterwelt es reißen. Halte fest!
Die Göttin ist's nicht mehr, die du verlorst,
Doch göttlich ist's. Bediene dich der hohen,   9950
Unschätzbarn Gunst und hebe dich empor:
Es trägt dich über alles Gemeine rasch
Am Äther hin, so lange du dauern kannst.
Wir sehn uns wieder, weit, gar weit von hier.
(Helenens Gewande lösen sich in Wolken auf, umgeben Faust,
heben ihn in die Höhe und ziehen mit ihm vorüber.)

PHORKYAS *(nimmt Euphorions Kleid, Mantel und Lyra von der Erde,*
tritt ins Proszenium, hebt die Exuvien in die Höhe und spricht).
Noch immer glücklich aufgefunden!   9955
Die Flamme freilich ist verschwunden,
Doch ist mir um die Welt nicht leid.
Hier bleibt genug, Poeten einzuweihen,
Zu stiften Gild- und Handwerksneid;
Und kann ich die Talente nicht verleihen,   9960
Verborg ich wenigstens das Kleid.
(Sie setzt sich im Proszenium an eine Säule nieder.)

PANTHALIS.

    Nun eilig, Mädchen! Sind wir doch den Zauber los,
    Der alt-thessalischen Vettel wüsten Geisteszwang;
    So des Geklimpers vielverworrner Töne Rausch,
    Das Ohr verwirrend, schlimmer noch den innern Sinn.   9965
    Hinab zum Hades! Eilte doch die Königin
    Mit ernstem Gang hinunter. Ihrer Sohle sei
    Unmittelbar getreuer Mägde Schritt gefügt.
    Wir finden sie am Throne der Unerforschlichen.

CHOR.   Königinnen freilich, überall sind sie gern;   9970
           Auch im Hades stehen sie obenan,
           Stolz zu ihresgleichen gesellt,
           Mit Persephonen innigst vertraut;
           Aber wir im Hintergrunde
           Tiefer Asphodelos-Wiesen,   9975
           Langgestreckten Pappeln,
           Unfruchtbaren Weiden zugesellt,
           Welchen Zeitvertreib haben wir?
           Fledermausgleich zu piepsen,
           Geflüster, unerfreulich, gespenstig.   9980

PANTHALIS.

    Wer keinen Namen sich erwarb noch Edles will,
    Gehört den Elementen an; so fahret hin!
    Mit meiner Königin zu sein, verlangt mich heiß;
    Nicht nur Verdienst, auch Treue wahrt uns die Person. *(Ab.)*

ALLE.   Zurückgegeben sind wir dem Tageslicht,   9985
           Zwar Personen nicht mehr,
           Das fühlen, das wissen wir,
           Aber zum Hades kehren wir nimmer.
           Ewig lebendige Natur
           Macht auf uns Geister,   9990
           Wir auf sie vollgültigen Anspruch.

EIN TEIL DES CHORS.

    Wir, in dieser tausend Äste Flüsterzittern, Säuselschweben
    Reizen tändlend, locken leise wurzelauf des Lebens Quellen
    Nach den Zweigen; bald mit Blättern, bald mit Blüten
                             überschwenglich
    Zieren wir die Flatterhaare frei zu luftigem Gedeihn.   9995
    Fällt die Frucht, sogleich versammeln lebenslustig Volk und
                            Herden

Sich zum Greifen, sich zum Naschen, eilig kommend, emsig
drängend;
Und wie vor den ersten Göttern bückt sich alles um uns her.
EIN ANDRER TEIL. Wir, an dieser Felsenwände weithinleuchtend
glattem Spiegel
Schmiegen wir, in sanften Wellen uns bewegend,
schmeichelnd an;   10000
Horchen, lauschen jedem Laute, Vogelsängen, Röhrigflöten,
Sei es Pans furchtbarer Stimme, Antwort ist sogleich bereit;
Säuselt's, säuseln wir erwidernd, donnert's, rollen unsre
Donner
In erschütterndem Verdoppeln, dreifach, zehnfach hintennach.
EIN DRITTER TEIL. Schwestern! Wir, bewegtern Sinnes, eilen mit
den Bächen weiter;   10005
Denn es reizen jener Ferne reichgeschmückte Hügelzüge.
Immer abwärts, immer tiefer wässern wir, mäandrisch
wallend,
Jetzt die Wiese, dann die Matten, gleich den Garten um das
Haus.
Dort bezeichnen's der Zypressen schlanke Wipfel, über
Landschaft,
Uferzug und Wellenspiegel nach dem Äther steigende.   10010
EIN VIERTER TEIL. Wallt ihr andern, wo's beliebet; wir
umzingeln, wir umrauschen
Den durchaus bepflanzten Hügel, wo am Stab die Rebe grünt;
Dort zu aller Tage Stunden läßt die Leidenschaft des Winzers
Uns des liebevollsten Fleißes zweifelhaft Gelingen sehn.
Bald mit Hacke, bald mit Spaten, bald mit Häufeln,
Schneiden, Binden   10015
Betet er zu allen Göttern, fördersamst zum Sonnengott.
Bacchus kümmert sich, der Weichling, wenig um die treuen
Diener,
Ruht in Lauben, lehnt in Höhlen, faselnd mit dem jüngsten
Faun.
Was zu seiner Träumereien halbem Rausch er je bedurfte,
Immer bleibt es ihm in Schläuchen, ihm in Krügen und
Gefäßen   10020
Rechts und links der kühlen Grüfte, ewige Zeiten aufbewahrt.
Haben aber alle Götter, hat nun Helios vor allen,
Lüftend, feuchtend, wärmend, glutend, Beeren-Füllhorn
aufgehäuft,

Wo der stille Winzer wirkte, dort auf einmal wird's lebendig,
Und es rauscht in jedem Laube, raschelt um von Stock zu
Stock. 10025
Körbe knarren, Eimer klappern, Tragebutten ächzen hin,
Alles nach der großen Kufe zu der Keltrer kräft'gem Tanz;
Und so wird die heilige Fülle reingeborner saftiger Beeren
Frech zertreten, schäumend, sprühend mischt sich's,
widerlich zerquetscht.
Und nun gellt ins Ohr der Zimbeln mit der Becken
Erzgetöne, 10030
Denn es hat sich Dionysos aus Mysterien enthüllt;
Kommt hervor mit Ziegenfüßlern, schwenkend
Ziegenfüßlerinnen,
Und dazwischen schreit unbändig grell Silenus' öhrig Tier.
Nichts geschont! Gespaltne Klauen treten alle Sitte nieder,
Alle Sinne wirbeln taumlich, gräßlich übertäubt das Ohr.
Nach der Schale tappen Trunkne, überfüllt sind Kopf und
Wänste, 10036
Sorglich ist noch ein und andrer, doch vermehrt er die
Tumulte,
Denn um neuen Most zu bergen, leert man rasch den alten
Schlauch!

(Der Vorhang fällt. PHORKYAS *im Proszenium richtet sich riesenhaft auf, tritt aber von den Kothurnen herunter, lehnt Maske und Schleier zurück und zeigt sich als Mephistopheles, um, insofern es nötig wäre, im Epilog das Stück zu kommentieren.)*

Vierter Akt

Hochgebirg,

starre, zackige Felsengipfel. Eine Wolke zieht herbei, lehnt sich an, senkt sich auf eine vorstehende Platte herab. Sie teilt sich.

FAUST *(tritt hervor).*
Der Einsamkeiten tiefste schauend unter meinem Fuß,
Betret ich wohlbedächtig dieser Gipfel Saum, 10040
Entlassend meiner Wolke Tragewerk, die mich sanft
An klaren Tagen über Land und Meer geführt.

Sie löst sich langsam, nicht zerstiebend, von mir ab.
Nach Osten strebt die Masse mit geballtem Zug,
Ihr strebt das Auge staunend in Bewundrung nach.   10045
Sie teilt sich wandelnd, wogenhaft, veränderlich.
Doch will sich's modeln. – Ja! das Auge trügt mich nicht! –
Auf sonnbeglänzten Pfühlen herrlich hingestreckt,
Zwar riesenhaft, ein göttergleiches Fraungebild,
Ich seh's! Junonen ähnlich, Ledan, Helenen,   10050
Wie majestätisch lieblich mir's im Auge schwankt.
Ach! schon verrückt sich's! Formlos breit und aufgetürmt
Ruht es in Osten, fernen Eisgebirgen gleich,
Und spiegelt blendend flücht'ger Tage großen Sinn.

Doch mir umschwebt ein zarter lichter Nebelstreif   10055
Noch Brust und Stirn, erheiternd, kühl und schmeichelhaft.
Nun steigt es leicht und zaudernd hoch und höher auf,
Fügt sich zusammen. – Täuscht mich ein entzückend Bild,
Als jugenderstes, längstentbehrtes höchstes Gut?
Des tiefsten Herzens frühste Schätze quellen auf;   10060
Aurorens Liebe, leichten Schwung bezeichnet's mir,
Den schnellempfundnen, ersten, kaum verstandnen Blick,
Der, festgehalten, überglänzte jeden Schatz.
Wie Seelenschönheit steigert sich die holde Form,
Löst sich nicht auf, erhebt sich in den Äther hin   10065
Und zieht das Beste meines Innern mit sich fort.

Ein Siebenmeilenstiefel tappt auf. Ein anderer folgt alsbald. MEPHI-
STOPHELES *steigt ab. Die Stiefel schreiten eilig weiter.*

MEPHISTOPHELES. Das heiß ich endlich vorgeschritten!
Nun aber sag, was fällt dir ein?
Steigst ab in solcher Greuel Mitten,
Im gräßlich gähnenden Gestein?   10070
Ich kenn es wohl, doch nicht an dieser Stelle,
Denn eigentlich war das der Grund der Hölle.
FAUST. Es fehlt dir nie an närrischen Legenden;
Fängst wieder an, dergleichen auszuspenden.
MEPHISTOPHELES *(ernsthaft)*.
Als Gott der Herr – ich weiß auch wohl, warum –   10075
Uns aus der Luft in tiefste Tiefen bannte,
Da, wo zentralisch glühend, um und um,
Ein ewig Feuer flammend sich durchbrannte,

Wir fanden uns bei allzugroßer Hellung
In sehr gedrängter, unbequemer Stellung.   10080
Die Teufel fingen sämtlich an zu husten,
Von oben und von unten auszupusten;
Die Hölle schwoll von Schwefelstank und -säure,
Das gab ein Gas! Das ging ins Ungeheure,
So daß gar bald der Länder flache Kruste,   10085
So dick sie war, zerkrachend bersten mußte.
Nun haben wir's an einem andern Zipfel,
Was ehmals Grund war, ist nun Gipfel.
Sie gründen auch hierauf die rechten Lehren,
Das Unterste ins Oberste zu kehren.   10090
Denn wir entrannen knechtisch-heißer Gruft
Ins Übermaß der Herrschaft freier Luft.
Ein offenbar Geheimnis, wohl verwahrt,
Und wird nur spät den Völkern offenbart. *(Ephes. 6, 12.)*

FAUST. Gebirgesmasse bleibt mir edel-stumm,   10095
Ich frage nicht woher und nicht warum.
Als die Natur sich in sich selbst gegründet,
Da hat sie rein den Erdball abgeründet,
Der Gipfel sich, der Schluchten sich erfreut
Und Fels an Fels und Berg an Berg gereiht,   10100
Die Hügel dann bequem hinabgebildet,
Mit sanftem Zug sie in das Tal gemildet.
Da grünt's und wächst's, und um sich zu erfreuen,
Bedarf sie nicht der tollen Strudeleien.

MEPHISTOPHELES.
Das sprecht Ihr so! Das scheint Euch sonnenklar;   10105
Doch weiß es anders, der zugegen war.
Ich war dabei, als noch da drunten, siedend,
Der Abgrund schwoll und strömend Flammen trug;
Als Molochs Hammer, Fels an Felsen schmiedend,
Gebirgestrümmer in die Ferne schlug.   10110
Noch starrt das Land von fremden Zentnermassen;
Wer gibt Erklärung solcher Schleudermacht?
Der Philosoph, er weiß es nicht zu fassen,
Da liegt der Fels, man muß ihn liegen lassen,
Zuschanden haben wir uns schon gedacht. –   10115
Das treu-gemeine Volk allein begreift
Und läßt sich im Begriff nicht stören;
Ihm ist die Weisheit längst gereift:

Ein Wunder ist's, der Satan kommt zu Ehren.
Mein Wandrer hinkt an seiner Glaubenskrücke   10120
Zum Teufelsstein, zur Teufelsbrücke.

FAUST. Es ist doch auch bemerkenswert zu achten,
Zu sehn, wie Teufel die Natur betrachten.

MEPHISTOPHELES.
Was geht mich's an! Natur sei, wie sie sei!
's ist Ehrenpunkt! – Der Teufel war dabei!   10125
Wir sind die Leute, Großes zu erreichen;
Tumult, Gewalt und Unsinn! sieh das Zeichen! –
Doch, daß ich endlich ganz verständlich spreche,
Gefiel dir nichts an unsrer Oberfläche?
Du übersahst, in ungemeßnen Weiten,   10130
Die Reiche der Welt und ihre Herrlichkeiten; *(Matth. 4.)*
Doch, ungenügsam, wie du bist,
Empfandest du wohl kein Gelüst?

FAUST. Und doch! ein Großes zog mich an.
Errate!

MEPHISTOPHELES. Das ist bald getan.   10135
Ich suchte mir so eine Hauptstadt aus,
Im Kerne Bürger-Nahrungs-Graus,
Krumm-enge Gäßchen, spitze Giebeln,
Beschränkten Markt, Kohl, Rüben, Zwiebeln;
Fleischbänke, wo die Schmeißen hausen,   10140
Die fetten Braten anzuschmausen;
Da findest du zu jeder Zeit
Gewiß Gestank und Tätigkeit.
Dann weite Plätze, breite Straßen,
Vornehmen Schein sich anzumaßen;   10145
Und endlich, wo kein Tor beschränkt,
Vorstädte grenzenlos verlängt.
Da freut ich mich an Rollekutschen,
Am lärmigen Hin- und Widerrutschen,
Am ewigen Hin- und Widerlaufen   10150
Zerstreuter Ameis-Wimmelhaufen.
Und wenn ich führe, wenn ich ritte,
Erschien' ich immer ihre Mitte,
Von Hunderttausenden verehrt.

FAUST. Das kann mich nicht zufriedenstellen!   10155
Man freut sich, daß das Volk sich mehrt,
Nach seiner Art behäglich nährt,

Sogar sich bildet, sich belehrt –
Und man erzieht sich nur Rebellen.

MEPHISTOPHELES.

Dann baut ich, grandios, mir selbst bewußt,   10160
Am lustigen Ort ein Schloß zur Lust.
Wald, Hügel, Flächen, Wiesen, Feld
Zum Garten prächtig umbestellt.
Vor grünen Wänden Sammetmatten,
Schnurwege, kunstgerechte Schatten,   10165
Kaskadensturz, durch Fels zu Fels gepaart,
Und Wasserstrahlen aller Art;
Ehrwürdig steigt es dort, doch an den Seiten,
Da zischt's und pißt's in tausend Kleinigkeiten.
Dann aber ließ ich allerschönsten Frauen   10170
Vertraut-bequeme Häuslein bauen;
Verbrächte da grenzenlose Zeit
In allerliebst-geselliger Einsamkeit.
Ich sage Fraun; denn ein für allemal
Denk ich die Schönen im Plural.   10175

FAUST. Schlecht und modern! Sardanapal!

MEPHISTOPHELES.

Errät man wohl, wornach du strebtest?
Es war gewiß erhaben kühn.
Der du dem Mond um so viel näher schwebtest,
Dich zog wohl deine Sucht dahin?   10180

FAUST. Mitnichten! dieser Erdenkreis
Gewährt noch Raum zu großen Taten.
Erstaunenswürdiges soll geraten,
Ich fühle Kraft zu kühnem Fleiß.

MEPHISTOPHELES.

Und also willst du Ruhm verdienen?   10185
Man merkt's, du kommst von Heroinen.

FAUST. Herrschaft gewinn ich, Eigentum!
Die Tat ist alles, nichts der Ruhm.

MEPHISTOPHELES. Doch werden sich Poeten finden,
Der Nachwelt deinen Glanz zu künden,   10190
Durch Torheit Torheit zu entzünden.

FAUST. Von allem ist dir nichts gewährt.
Was weißt du, was der Mensch begehrt?
Dein widrig Wesen, bitter, scharf,
Was weiß es, was der Mensch bedarf?   10195

MEPHISTOPHELES. Geschehe denn nach deinem Willen!
Vertraue mir den Umfang deiner Grillen.

FAUST. Mein Auge war aufs hohe Meer gezogen;
Es schwoll empor, sich in sich selbst zu türmen,
Dann ließ es nach und schüttete die Wogen, 10200
Des flachen Ufers Breite zu bestürmen.
Und das verdroß mich; wie der Übermut
Den freien Geist, der alle Rechte schätzt,
Durch leidenschaftlich aufgeregtes Blut
Ins Mißbehagen des Gefühls versetzt. 10205
Ich hielt's für Zufall, schärfte meinen Blick:
Die Woge stand und rollte dann zurück,
Entfernte sich vom stolz erreichten Ziel;
Die Stunde kommt, sie wiederholt das Spiel.

MEPHISTOPHELES *(ad Spectatores)*.
Da ist für mich nichts Neues zu erfahren, 10210
Das kenn ich schon seit hunderttausend Jahren.

FAUST *(leidenschaftlich fortfahrend)*.
Sie schleicht heran, an abertausend Enden,
Unfruchtbar selbst, Unfruchtbarkeit zu spenden;
Nun schwillt's und wächst und rollt und überzieht
Der wüsten Strecke widerlich Gebiet. 10215
Da herrschet Well auf Welle kraftbegeistert,
Zieht sich zurück, und es ist nichts geleistet,
Was zur Verzweiflung mich beängstigen könnte!
Zwecklose Kraft unbändiger Elemente!
Da wagt mein Geist, sich selbst zu überfliegen; 10220
Hier möcht ich kämpfen, dies möcht ich besiegen.

Und es ist möglich! – flutend, wie sie sei,
An jedem Hügel schmiegt sie sich vorbei;
Sie mag sich noch so übermütig regen,
Geringe Höhe ragt ihr stolz entgegen, 10225
Geringe Tiefe zieht sie mächtig an.
Da faßt ich schnell im Geiste Plan auf Plan:
Erlange dir das köstliche Genießen,
Das herrische Meer vom Ufer auszuschließen,
Der feuchten Breite Grenzen zu verengen 10230
Und, weit hinein, sie in sich selbst zu drängen.
Von Schritt zu Schritt wußt ich mir's zu erörtern;
Das ist mein Wunsch, den wage zu befördern!

(Trommeln und kriegerische Musik im Rücken der Zuschauer,
aus der Ferne, von der rechten Seite her.)

MEPHISTOPHELES.
Wie leicht ist das! Hörst du die Trommeln fern?

FAUST.
Schon wieder Krieg! der Kluge hört's nicht gern.   10235

MEPHISTOPHELES.
Krieg oder Frieden. Klug ist das Bemühen,
Zu seinem Vorteil etwas auszuziehen.
Man paßt, man merkt auf jedes günstige Nu.
Gelegenheit ist da, nun, Fauste, greife zu!

FAUST. Mit solchem Rätselkram verschone mich!   10240
Und kurz und gut, was soll's? Erkläre dich.

MEPHISTOPHELES.
Auf meinem Zuge blieb mir nicht verborgen:
Der gute Kaiser schwebt in großen Sorgen;
Du kennst ihn ja. Als wir ihn unterhielten,
Ihm falschen Reichtum in die Hände spielten,   10245
Da war die ganze Welt ihm feil.
Denn jung ward ihm der Thron zuteil,
Und ihm beliebt' es, falsch zu schließen,
Es könne wohl zusammengehn,
Und sei recht wünschenswert und schön: 10250
Regieren und zugleich genießen.

FAUST. Ein großer Irrtum. Wer befehlen soll,
Muß im Befehlen Seligkeit empfinden.
Ihm ist die Brust von hohem Willen voll,
Doch was er will, es darf's kein Mensch ergründen.   10255
Was er den Treusten in das Ohr geraunt,
Es ist getan, und alle Welt erstaunt.
So wird er stets der Allerhöchste sein,
Der Würdigste – Genießen macht gemein.

MEPHISTOPHELES.
So ist er nicht. Er selbst genoß, und wie!   10260
Indes zerfiel das Reich in Anarchie,
Wo groß und klein sich kreuz und quer befehdeten,
Und Brüder sich vertrieben, töteten,
Burg gegen Burg, Stadt gegen Stadt,
Zunft gegen Adel Fehde hat,   10265
Der Bischof mit Kapitel und Gemeinde;
Was sich nur ansah, waren Feinde.

In Kirchen Mord und Totschlag, vor den Toren
Ist jeder Kauf- und Wandersmann verloren.
Und allen wuchs die Kühnheit nicht gering;   10270
Denn leben hieß sich wehren – Nun, das ging.
FAUST. Es ging, es hinkte, fiel, stand wieder auf;
Dann überschlug sich's, rollte plump zuhauf.
MEPHISTOPHELES.
Und solchen Zustand durfte niemand schelten,
Ein jeder konnte, jeder wollte gelten.   10275
Der Kleinste selbst, er galt für voll.
Doch war's zuletzt den Besten allzu toll.
Die Tüchtigen, sie standen auf mit Kraft
Und sagten: Herr ist, der uns Ruhe schafft.
Der Kaiser kann's nicht, will's nicht – laßt uns wählen,   10280
Den neuen Kaiser neu das Reich beseelen,
Indem er jeden sicher stellt,
In einer frisch geschaffnen Welt
Fried und Gerechtigkeit vermählen.
FAUST. Das klingt sehr pfäffisch.
MEPHISTOPHELES.   Pfaffen waren's auch,   10285
Sie sicherten den wohlgenährten Bauch.
Sie waren mehr als andere beteiligt.
Der Aufruhr schwoll, der Aufruhr ward geheiligt;
Und unser Kaiser, den wir froh gemacht,
Zieht sich hieher, vielleicht zur letzten Schlacht.   10290
FAUST. Er jammert mich; er war so gut und offen.
MEPHISTOPHELES.
Komm, sehn wir zu! der Lebende soll hoffen.
Befrein wir ihn aus diesem engen Tale!
Einmal gerettet, ist's für tausend Male.
Wer weiß, wie noch die Würfel fallen?   10295
Und hat er Glück, so hat er auch Vasallen.
*(Sie steigen über das Mittelgebirg herüber und beschauen die
Anordnung des Heeres im Tal. Trommeln und Kriegsmusik
schallt von unten auf.)*
MEPHISTOPHELES. Die Stellung, seh ich, gut ist sie genommen;
Wir treten zu, dann ist der Sieg vollkommen.
FAUST. Was kann da zu erwarten sein?
Trug! Zauberblendwerk! Hohler Schein.   10300
MEPHISTOPHELES. Kriegslist, um Schlachten zu gewinnen!
Befestige dich bei großen Sinnen,

Indem du deinen Zweck bedenkst.
Erhalten wir dem Kaiser Thron und Lande,
So kniest du nieder und empfängst   10305
Die Lehn von grenzenlosem Strande.
FAUST. Schon manches hast du durchgemacht,
Nun, so gewinn auch eine Schlacht.
MEPHISTOPHELES.
Nein, du gewinnst sie! Diesesmal
Bist du der Obergeneral.   10310
FAUST. Das wäre mir die rechte Höhe,
Da zu befehlen, wo ich nichts verstehe!
MEPHISTOPHELES. Laß du den Generalstab sorgen,
Und der Feldmarschall ist geborgen.
Kriegsunrat hab ich längst verspürt,   10315
Den Kriegsrat gleich voraus formiert
Aus Urgebirgs Urmenschenkraft;
Wohl dem, der sie zusammenrafft.
FAUST. Was seh ich dort, was Waffen trägt?
Hast du das Bergvolk aufgeregt?   10320
MEPHISTOPHELES.
Nein! aber, gleich Herrn Peter Squenz,
Vom ganzen Praß die Quintessenz.

DIE DREI GEWALTIGEN *treten auf. (Sam. II, 23, 8.)*

MEPHISTOPHELES. Da kommen meine Bursche ja!
Du siehst, von sehr verschiednen Jahren,
Verschiednem Kleid und Rüstung sind sie da,   10325
Du wirst nicht schlecht mit ihnen fahren.
(Ad Spectatores.) Es liebt sich jetzt ein jedes Kind
Den Harnisch und den Ritterkragen;
Und, allegorisch, wie die Lumpe sind,
Sie werden nur um desto mehr behagen.   10330
RAUFEBOLD *(jung, leicht bewaffnet, bunt gekleidet).*
Wenn einer mir ins Auge sieht,
Werd ich ihm mit der Faust gleich in die Fresse fahren,
Und eine Memme, wenn sie flieht,
Faß ich bei ihren letzten Haaren.
HABEBALD *(männlich, wohl bewaffnet, reich gekleidet).*
So leere Händel, das sind Possen,   10335
Damit verdirbt man seinen Tag;

Im Nehmen sei nur unverdrossen,
Nach allem andern frag hernach.
HALTEFEST *(bejahrt, stark bewaffnet, ohne Gewand).*
Damit ist auch nicht viel gewonnen;
Bald ist ein großes Gut zerronnen, 10340
Es rauscht im Lebensstrom hinab.
Zwar nehmen ist recht gut, doch besser ist's, behalten;
Laß du den grauen Kerl nur walten,
Und niemand nimmt dir etwas ab.
(Sie steigen allzusammen tiefer.)

Auf dem Vorgebirg

Trommeln und kriegerische Musik von unten.
Des Kaisers Zelt wird aufgeschlagen.

KAISER. OBERGENERAL. TRABANTEN.

OBERGENERAL.
Noch immer scheint der Vorsatz wohlerwogen, 10345
Daß wir in dies gelegene Tal
Das ganze Heer gedrängt zurückgezogen;
Ich hoffe fest, uns glückt die Wahl.
KAISER.
Wie es nun geht, es muß sich zeigen;
Doch mich verdrießt die halbe Flucht, das Weichen. 10350
OBERGENERAL.
Schau hier, mein Fürst, auf unsre rechte Flanke.
Solch ein Terrain wünscht sich der Kriegsgedanke:
Nicht steil die Hügel, doch nicht allzu gänglich,
Den Unsern vorteilhaft, dem Feind verfänglich.
Wir, halb versteckt, auf wellenförmigem Plan; 10355
Die Reiterei, sie wagt sich nicht heran.
KAISER.
Mir bleibt nichts übrig, als zu loben;
Hier kann sich Arm und Brust erproben.
OBERGENERAL.
Hier, auf der Mittelwiese flachen Räumlichkeiten,
Siehst du den Phalanx, wohlgemut zu streiten. 10360
Die Piken blinken flimmernd in der Luft,
Im Sonnenglanz, durch Morgennebelduft.

Wie dunkel wogt das mächtige Quadrat!
Zu Tausenden glüht's hier auf große Tat.
Du kannst daran der Masse Kraft erkennen, 10365
Ich trau ihr zu, der Feinde Kraft zu trennen.
KAISER. Den schönen Blick hab ich zum erstenmal.
Ein solches Heer gilt für die Doppelzahl.
OBERGENERAL.
Von unsrer Linken hab ich nichts zu melden,
Den starren Fels besetzen wackere Helden. 10370
Das Steingeklipp, das jetzt von Waffen blitzt,
Den wichtigen Paß der engen Klause schützt.
Ich ahne schon, hier scheitern Feindeskräfte
Unvorgesehn im blutigen Geschäfte.
KAISER.
Dort ziehn sie her, die falschen Anverwandten, 10375
Wie sie mich Oheim, Vetter, Bruder nannten,
Sich immer mehr und wieder mehr erlaubten,
Dem Zepter Kraft, dem Thron Verehrung raubten,
Dann, unter sich entzweit, das Reich verheerten
Und nun gesamt sich gegen mich empörten. 10380
Die Menge schwankt im ungewissen Geist,
Dann strömt sie nach, wohin der Strom sie reißt.
OBERGENERAL.
Ein treuer Mann, auf Kundschaft ausgeschickt,
Kommt eilig felsenab; sei's ihm geglückt!
ERSTER KUNDSCHAFTER.
 Glücklich ist sie uns gelungen, 10385
 Listig, mutig, unsre Kunst,
 Daß wir hin und her gedrungen;
 Doch wir bringen wenig Gunst.
 Viele schwören reine Huldigung
 Dir, wie manche treue Schar; 10390
 Doch Untätigkeits-Entschuldigung:
 Innere Gärung, Volksgefahr.
KAISER. Sich selbst erhalten bleibt der Selbstsucht Lehre,
Nicht Dankbarkeit und Neigung, Pflicht und Ehre.
Bedenkt ihr nicht, wenn eure Rechnung voll, 10395
Daß Nachbars Hausbrand euch verzehren soll?
OBERGENERAL.
Der zweite kommt, nur langsam steigt er nieder,
Dem müden Manne zittern alle Glieder.

ZWEITER KUNDSCHAFTER.

Erst gewahrten wir vergnüglich
Wilden Wesens irren Lauf;   10400
Unerwartet, unverzüglich
Trat ein neuer Kaiser auf.
Und auf vorgeschriebnen Bahnen
Zieht die Menge durch die Flur;
Den entrollten Lügenfahnen   10405
Folgen alle. – Schafsnatur!

KAISER. Ein Gegenkaiser kommt mir zum Gewinn,
Nun fühl ich erst, daß Ich der Kaiser bin.
Nur als Soldat legt ich den Harnisch an,
Zu höherm Zweck ist er nun umgetan.   10410
Bei jedem Fest, wenn's noch so glänzend war,
Nichts ward vermißt, *mir* fehlte die Gefahr.
Wie ihr auch seid, zum Ringspiel rietet ihr,
Mir schlug das Herz, ich atmete Turnier;
Und hättet ihr mir nicht vom Kriegen abgeraten,   10415
Jetzt glänzt ich schon in lichten Heldentaten.
Selbstständig fühlt ich meine Brust besiegelt,
Als ich mich dort im Feuerreich bespiegelt;
Das Element drang gräßlich auf mich los;
Es war nur Schein, allein der Schein war groß.   10420
Von Sieg und Ruhm hab ich verwirrt geträumt;
Ich bringe nach, was frevelhaft versäumt.
(Die Herolde werden abgefertigt zur Herausforderung
des Gegenkaisers.)

FAUST *geharnischt, mit halbgeschloßnem Helme.* DIE DREI GEWALTI-
GEN *gerüstet und gekleidet wie oben.*

FAUST. Wir treten auf und hoffen, ungescholten;
Auch ohne Not hat Vorsicht wohl gegolten.
Du weißt, das Bergvolk denkt und simuliert,   10425
Ist in Natur- und Felsenschrift studiert.
Die Geister, längst dem flachen Land entzogen,
Sind mehr als sonst dem Felsgebirg gewogen.
Sie wirken still durch labyrinthische Klüfte
Im edlen Gas metallisch reicher Düfte;   10430
In stetem Sondern, Prüfen und Verbinden
Ihr einziger Trieb ist, Neues zu erfinden.

Mit leisem Finger geistiger Gewalten
Erbauen sie durchsichtige Gestalten;
Dann im Kristall und seiner ewigen Schweignis 10435
Erblicken sie der Oberwelt Ereignis.
KAISER. Vernommen hab ich's, und ich glaube dir;
Doch, wackrer Mann, sag an: was soll das hier?
FAUST. Der Nekromant von Norcia, der Sabiner,
Ist dein getreuer, ehrenhafter Diener. 10440
Welch greulich Schicksal droht' ihm ungeheuer!
Das Reisig prasselte, schon züngelte das Feuer;
Die trocknen Scheite, rings umher verschränkt,
Mit Pech und Schwefelruten untermengt;
Nicht Mensch, noch Gott, noch Teufel konnte retten, 10445
Die Majestät zersprengte glühende Ketten.
Dort war's in Rom. Er bleibt dir hoch verpflichtet,
Auf deinen Gang in Sorge stets gerichtet.
Von jener Stund an ganz vergaß er sich,
Er fragt den Stern, die Tiefe nur für dich. 10450
Er trug uns auf, als eiligstes Geschäfte,
Bei dir zu stehn. Groß sind des Berges Kräfte;
Da wirkt Natur so übermächtig frei,
Der Pfaffen Stumpfsinn schilt es Zauberei.
KAISER.
Am Freudentag, wenn wir die Gäste grüßen, 10455
Die heiter kommen, heiter zu genießen,
Da freut uns jeder, wie er schiebt und drängt,
Und, Mann für Mann, der Säle Raum verengt,
Doch höchst willkommen muß der Biedre sein,
Tritt er als Beistand kräftig zu uns ein 10460
Zur Morgenstunde, die bedenklich waltet,
Weil über ihr des Schicksals Waage schaltet.
Doch lenket hier, im hohen Augenblick,
Die starke Hand vom willigen Schwert zurück,
Ehrt den Moment, wo manche Tausend schreiten, 10465
Für oder wider mich zu streiten.
Selbst ist der Mann! Wer Thron und Kron begehrt,
Persönlich sei er solcher Ehren wert.
Sei das Gespenst, das, gegen uns erstanden,
Sich Kaiser nennt und Herr von unsern Landen, 10470
Des Heeres Herzog, Lehnsherr unsrer Großen,
Mit eigner Faust ins Totenreich gestoßen!

FAUST. Wie es auch sei, das Große zu vollenden,
    Du tust nicht wohl, dein Haupt so zu verpfänden.
    Ist nicht der Helm mit Kamm und Busch geschmückt? 10475
    Er schützt das Haupt, das unsern Mut entzückt.
    Was, ohne Haupt, was förderten die Glieder?
    Denn schläfert jenes, alle sinken nieder;
    Wird es verletzt, gleich alle sind verwundet,
    Erstehen frisch, wenn jenes rasch gesundet. 10480
    Schnell weiß der Arm sein starkes Recht zu nützen,
    Er hebt den Schild, den Schädel zu beschützen;
    Das Schwert gewahret seiner Pflicht sogleich,
    Lenkt kräftig ab und wiederholt den Streich;
    Der tüchtige Fuß nimmt teil an ihrem Glück, 10485
    Setzt dem Erschlagnen frisch sich ins Genick.
KAISER. Das ist mein Zorn, so möcht ich ihn behandeln,
    Das stolze Haupt in Schemeltritt verwandeln!
HEROLDE *(kommen zurück).*
        Wenig Ehre, wenig Geltung
        Haben wir daselbst genossen, 10490
        Unsrer kräftig edlen Meldung
        Lachten sie als schaler Possen:
        »Euer Kaiser ist verschollen,
        Echo dort im engen Tal;
        Wenn wir sein gedenken sollen, 10495
        Märchen sagt: – Es war einmal.«
FAUST. Dem Wunsch gemäß der Besten ist's geschehn,
    Die fest und treu an deiner Seite stehn.
    Dort naht der Feind, die Deinen harren brünstig;
    Befiehl den Angriff, der Moment ist günstig. 10500
KAISER. Auf das Kommando leist ich hier Verzicht.
    (Zum Oberfeldherrn.)
    In deinen Händen, Fürst, sei deine Pflicht.
OBERGENERAL. So trete denn der rechte Flügel an!
    Des Feindes Linke, eben jetzt im Steigen,
    Soll, eh sie noch den letzten Schritt getan, 10505
    Der Jugendkraft geprüfter Treue weichen.
FAUST. Erlaube denn, daß dieser muntre Held
    Sich ungesäumt in deine Reihen stellt,
    Sich deinen Reihen innigst einverleibt
    Und, so gesellt, sein kräftig Wesen treibt. 10510
    (Er deutet zur Rechten.)

RAUFEBOLD *(tritt vor).*
  Wer das Gesicht mir zeigt, der kehrt's nicht ab
  Als mit zerschlagnen Unter- und Oberbacken;
  Wer mir den Rücken kehrt, gleich liegt ihm schlapp
  Hals, Kopf und Schopf hinschlotternd graß im Nacken.
  Und schlagen deine Männer dann   10515
  Mit Schwert und Kolben, wie ich wüte,
  So stürzt der Feind, Mann über Mann,
  Ersäuft im eigenen Geblüte. *(Ab.)*
OBERGENERAL. Der Phalanx unsrer Mitte folge sacht,
  Dem Feind begegn er, klug mit aller Macht,   10520
  Ein wenig rechts, dort hat bereits, erbittert,
  Der Unsern Streitkraft ihren Plan erschüttert.
FAUST *(auf den Mittelsten deutend).*
  So folge denn auch dieser deinem Wort.
  Er ist behend, reißt alles mit sich fort.
HABEBALD *(tritt hervor).*
  Dem Heldenmut der Kaiserscharen   10525
  Soll sich der Durst nach Beute paaren;
  Und allen sei das Ziel gestellt:
  Des Gegenkaisers reiches Zelt.
  Er prahlt nicht lang auf seinem Sitze,
  Ich ordne mich dem Phalanx an die Spitze.   10530
EILEBEUTE *(Marketenderin, sich an ihn anschmiegend).*
  Bin ich auch ihm nicht angeweibt,
  Er mir der liebste Buhle bleibt.
  Für uns ist solch ein Herbst gereift!
  Die Frau ist grimmig, wenn sie greift,
  Ist ohne Schonung, wenn sie raubt;   10535
  Im Sieg voran! und alles ist erlaubt.
  (Beide ab.)
OBERGENERAL. Auf unsre Linke, wie vorauszusehn,
  Stürzt ihre Rechte, kräftig. Widerstehn
  Wird Mann für Mann dem wütenden Beginnen,
  Den engen Paß des Felswegs zu gewinnen.   10540
FAUST *(winkt nach der Linken).*
  So bitte, Herr, auch diesen zu bemerken;
  Es schadet nichts, wenn Starke sich verstärken.
HALTEFEST *(tritt vor).*
  Dem linken Flügel keine Sorgen!
  Da, wo ich bin, ist der Besitz geborgen;

In ihm bewähret sich der Alte,   10545
Kein Strahlblitz spaltet, was ich halte. *(Ab.)*
MEPHISTOPHELES *(von oben herunter kommend).*
Nun schauet, wie im Hintergrunde
Aus jedem zackigen Felsenschlunde
Bewaffnete hervor sich drängen,
Die schmalen Pfade zu verengen,   10550
Mit Helm und Harnisch, Schwertern, Schilden
In unserm Rücken eine Mauer bilden,
Den Wink erwartend, zuzuschlagen.
(Leise zu den Wissenden.)
Woher das kommt, müßt ihr nicht fragen.
Ich habe freilich nicht gesäumt,   10555
Die Waffensäle ringsum ausgeräumt;
Da standen sie zu Fuß, zu Pferde,
Als wären sie noch Herrn der Erde;
Sonst waren's Ritter, König, Kaiser,
Jetzt sind es nichts als leere Schneckenhäuser;   10560
Gar manch Gespenst hat sich darein geputzt,
Das Mittelalter lebhaft aufgestutzt.
Welch Teufelchen auch drinne steckt,
Für diesmal macht es doch Effekt.
(Laut.) Hört, wie sie sich voraus erbosen,   10565
Blechklappernd aneinander stoßen!
Auch flattern Fahnenfetzen bei Standarten,
Die frischer Lüftchen ungeduldig harrten.
Bedenkt, hier ist ein altes Volk bereit
Und mischte gern sich auch zum neuen Streit.   10570
*(Furchtbarer Posaunenschall von oben, im feindlichen Heere
merkliche Schwankung.)*
FAUST. Der Horizont hat sich verdunkelt,
Nur hie und da bedeutend funkelt
Ein roter ahnungsvoller Schein;
Schon blutig blinken die Gewehre,
Der Fels, der Wald, die Atmosphäre,   10575
Der ganze Himmel mischt sich ein.
MEPHISTOPHELES.
Die rechte Flanke hält sich kräftig;
Doch seh ich, ragend unter diesen,
Hans Raufbold, den behenden Riesen,
Auf seine Weise rasch geschäftig.   10580

KAISER. Erst sah ich *einen* Arm erhoben,
    Jetzt seh ich schon ein Dutzend toben;
    Naturgemäß geschieht es nicht.
FAUST. Vernahmst du nichts von Nebelstreifen,
    Die auf Siziliens Küsten schweifen? 10585
    Dort, schwankend klar, im Tageslicht,
    Erhoben zu den Mittellüften,
    Gespiegelt in besondern Düften,
    Erscheint ein seltsames Gesicht:
    Da schwanken Städte hin und wider, 10590
    Da steigen Gärten auf und nieder,
    Wie Bild um Bild den Äther bricht.
KAISER. Doch wie bedenklich! Alle Spitzen
    Der hohen Speere seh ich blitzen;
    Auf unsres Phalanx blanken Lanzen 10595
    Seh ich behende Flämmchen tanzen.
    Das scheint mir gar zu geisterhaft.
FAUST. Verzeih, o Herr, das sind die Spuren
    Verschollner geistiger Naturen,
    Ein Widerschein der Dioskuren, 10600
    Bei denen alle Schiffer schwuren;
    Sie sammeln hier die letzte Kraft.
KAISER. Doch sage: wem sind wir verpflichtet,
    Daß die Natur, auf uns gerichtet,
    Das Seltenste zusammenrafft? 10605
MEPHISTOPHELES. Wem als dem Meister, jenem hohen,
    Der dein Geschick im Busen trägt?
    Durch deiner Feinde starkes Drohen
    Ist er im Tiefsten aufgeregt.
    Sein Dank will dich gerettet sehen, 10610
    Und sollt er selbst daran vergehen.
KAISER. Sie jubelten, mich pomphaft umzuführen;
    Ich war nun was, das wollt ich auch probieren
    Und fand's gelegen, ohne viel zu denken,
    Dem weißen Barte kühle Luft zu schenken. 10615
    Dem Klerus hab ich eine Lust verdorben
    Und ihre Gunst mir freilich nicht erworben.
    Nun sollt ich, seit so manchen Jahren,
    Die Wirkung frohen Tuns erfahren?
FAUST. Freiherzige Wohltat wuchert reich; 10620
    Laß deinen Blick sich aufwärts wenden!

Mich deucht, er will ein Zeichen senden,
Gib acht, es deutet sich sogleich.

KAISER.
Ein Adler schwebt im Himmelhohen,
Ein Greif ihm nach mit wildem Drohen. 10625

FAUST. Gib acht: gar günstig scheint es mir.
Greif ist ein fabelhaftes Tier;
Wie kann er sich so weit vergessen,
Mit echtem Adler sich zu messen?

KAISER. Nunmehr, in weitgedehnten Kreisen, 10630
Umziehn sie sich; – in gleichem Nu
Sie fahren aufeinander zu,
Sich Brust und Hälse zu zerreißen.

FAUST. Nun merke, wie der leidige Greif,
Zerzerrt, zerzaust, nur Schaden findet 10635
Und mit gesenktem Löwenschweif,
Zum Gipfelwald gestürzt, verschwindet.

KAISER. Sei's, wie gedeutet, so getan!
Ich nehm es mit Verwunderung an.

MEPHISTOPHELES (*gegen die Rechte*).
Dringend wiederholten Streichen 10640
Müssen unsre Feinde weichen,
Und mit ungewissem Fechten
Drängen sie nach ihrer Rechten
Und verwirren so im Streite
Ihrer Hauptmacht linke Seite. 10645
Unsers Phalanx feste Spitze
Zieht sich rechts, und gleich dem Blitze
Fährt sie in die schwache Stelle. –
Nun, wie sturmerregte Welle
Sprühend, wüten gleiche Mächte 10650
Wild in doppeltem Gefechte;
Herrlichers ist nichts ersonnen,
Uns ist diese Schlacht gewonnen!

KAISER (*an der linken Seite zu Faust*).
Schau! Mir scheint es dort bedenklich,
Unser Posten steht verfänglich. 10655
Keine Steine seh ich fliegen,
Niedre Felsen sind erstiegen,
Obre stehen schon verlassen.
Jetzt! – Der Feind, zu ganzen Massen

Immer näher angedrungen, 10660
Hat vielleicht den Paß errungen,
Schlußerfolg unheiligen Strebens!
Eure Künste sind vergebens.
(Pause.)

MEPHISTOPHELES. Da kommen kommen meine beiden Raben,
Was mögen die für Botschaft haben? 10665
Ich fürchte gar, es geht uns schlecht.

KAISER. Was sollen diese leidigen Vögel?
Sie richten ihre schwarzen Segel
Hierher vom heißen Felsgefecht.

MEPHISTOPHELES *(zu den Raben)*.
Setzt euch ganz nah zu meinen Ohren. 10670
Wen ihr beschützt, ist nicht verloren,
Denn euer Rat ist folgerecht.

FAUST *(zum Kaiser)*.
Von Tauben hast du ja vernommen,
Die aus den fernsten Landen kommen
Zu ihres Nestes Brut und Kost. 10675
Hier ist's mit wichtigen Unterschieden:
Die Taubenpost bedient den Frieden,
Der Krieg befiehlt die Rabenpost.

MEPHISTOPHELES.
Es meldet sich ein schwer Verhängnis.
Seht hin! gewahret die Bedrängnis 10680
Um unsrer Helden Felsenrand!
Die nächsten Höhen sind erstiegen,
Und würden sie den Paß besiegen,
Wir hätten einen schweren Stand.

KAISER. So bin ich endlich doch betrogen! 10685
Ihr habt mich in das Netz gezogen;
Mir graut, seitdem es mich umstrickt.

MEPHISTOPHELES.
Nur Mut! Noch ist es nicht mißglückt.
Geduld und Pfiff zum letzten Knoten!
Gewöhnlich geht's am Ende scharf. 10690
Ich habe meine sichern Boten;
Befehlt, daß ich befehlen darf!

OBERGENERAL *(der indessen herangekommen)*.
Mit diesen hast du dich vereinigt,
Mich hat's die ganze Zeit gepeinigt,

Das Gaukeln schafft kein festes Glück. 10695
Ich weiß nichts an der Schlacht zu wenden;
Begannen sie's, sie mögen's enden,
Ich gebe meinen Stab zurück.
KAISER. Behalt ihn bis zu bessern Stunden,
Die uns vielleicht das Glück verleiht. 10700
Mir schaudert vor dem garstigen Kunden
Und seiner Rabentraulichkeit.
(*Zu Mephistopheles.*)
Den Stab kann ich dir nicht verleihen,
Du scheinst mir nicht der rechte Mann;
Befiehl und such uns zu befreien! 10705
Geschehe, was geschehen kann.
(*Ab ins Zelt mit dem Obergeneral.*)
MEPHISTOPHELES.
Mag ihn der stumpfe Stab beschützen!
Uns andern könnt er wenig nützen,
Es war so was vom Kreuz daran.
FAUST. Was ist zu tun?
MEPHISTOPHELES.   Es ist getan! – 10710
Nun, schwarze Vettern, rasch im Dienen,
Zum großen Bergsee! grüßt mir die Undinen
Und bittet sie um ihrer Fluten Schein.
Durch Weiberkünste, schwer zu kennen,
Verstehen sie vom Sein den Schein zu trennen, 10715
Und jeder schwört, das sei das Sein.
(*Pause.*)
FAUST. Den Wasserfräulein müssen unsre Raben
Recht aus dem Grund geschmeichelt haben,
Dort fängt es schon zu rieseln an.
An mancher trocknen, kahlen Felsenstelle 10720
Entwickelt sich die volle, rasche Quelle;
Um jener Sieg ist es getan.
MEPHISTOPHELES. Das ist ein wunderbarer Gruß,
Die kühnsten Klettrer sind konfus.
FAUST. Schon rauscht *ein* Bach zu Bächen mächtig nieder, 10725
Aus Schluchten kehren sie gedoppelt wieder,
Ein Strom nun wirft den Bogenstrahl;
Auf einmal legt er sich in flache Felsenbreite
Und rauscht und schäumt nach der und jener Seite,
Und stufenweise wirft er sich ins Tal. 10730

Was hilft ein tapfres, heldenmäßiges Stemmen?
Die mächtige Woge strömt, sie wegzuschwemmen.
Mir schaudert selbst vor solchem wilden Schwall.

MEPHISTOPHELES.

Ich sehe nichts von diesen Wasserlügen,
Nur Menschenaugen lassen sich betrügen, 10735
Und mich ergetzt der wunderliche Fall.
Sie stürzen fort zu ganzen hellen Haufen,
Die Narren wähnen zu ersaufen,
Indem sie frei auf festem Lande schnaufen
Und lächerlich mit Schwimmgebärden laufen. 10740
Nun ist Verwirrung überall.
(Die Raben sind wiedergekommen.)
Ich werd euch bei dem hohen Meister loben;
Wollt ihr euch nun als Meister selbst erproben,
So eilet zu der glühnden Schmiede,
Wo das Gezwergvolk, nimmer müde, 10745
Metall und Stein zu Funken schlägt.
Verlangt, weitläufig sie beschwatzend,
Ein Feuer, leuchtend, blinkend, platzend,
Wie man's im hohen Sinne hegt.
Zwar Wetterleuchten in der weiten Ferne, 10750
Blickschnelles Fallen allerhöchster Sterne
Mag jede Sommernacht geschehn;
Doch Wetterleuchten in verworrnen Büschen
Und Sterne, die am feuchten Boden zischen,
Das hat man nicht so leicht gesehn. 10755
So müßt ihr, ohn euch viel zu quälen,
Zuvörderst bitten, dann befehlen.
(Raben ab. Es geschieht, wie vorgeschrieben.)

MEPHISTOPHELES.

Den Feinden dichte Finsternisse!
Und Tritt und Schritt ins Ungewisse!
Irrfunken-Blick an allen Enden, 10760
Ein Leuchten, plötzlich zu verblenden!
Das alles wäre wunderschön,
Nun aber braucht's noch Schreckgetön.

FAUST. Die hohlen Waffen aus der Säle Grüften
Empfinden sich erstarkt in freien Lüften; 10765
Da droben klappert's, rasselt's lange schon,
Ein wunderbarer falscher Ton.

MEPHISTOPHELES.
Ganz recht! Sie sind nicht mehr zu zügeln;
Schon schallt's von ritterlichen Prügeln,
Wie in der holden alten Zeit.   10770
Armschienen wie der Beine Schienen,
Als Guelfen und als Ghibellinen,
Erneuen rasch den ewigen Streit.
Fest, im ererbten Sinne wöhnlich,
Erweisen sie sich unversöhnlich;   10775
Schon klingt das Tosen weit und breit.
Zuletzt, bei allen Teufelsfesten,
Wirkt der Parteihaß doch zum besten,
Bis in den allerletzten Graus;
Schallt wider-widerwärtig panisch,   10780
Mitunter grell und scharf satanisch,
Erschreckend in das Tal hinaus.
(Kriegstumult im Orchester, zuletzt übergehend in
militärisch heitre Weisen.)

Des Gegenkaisers Zelt

Thron, reiche Umgebung.

HABEBALD. EILEBEUTE.

EILEBEUTE. So sind wir doch die ersten hier!
HABEBALD. Kein Rabe fliegt so schnell als wir.
EILEBEUTE. Oh! welch ein Schatz liegt hier zuhauf!   10785
Wo fang ich an? Wo hör ich auf?
HABEBALD. Steht doch der ganze Raum so voll!
Weiß nicht, wozu ich greifen soll.
EILEBEUTE. Der Teppich wär mir eben recht,
Mein Lager ist oft gar zu schlecht.   10790
HABEBALD. Hier hängt von Stahl ein Morgenstern,
Dergleichen hätt ich lange gern.
EILEBEUTE. Den roten Mantel goldgesäumt,
So etwas hatt ich mir geträumt.
HABEBALD *(die Waffe nehmend).*
Damit ist es gar bald getan,   10795
Man schlägt ihn tot und geht voran.
Du hast so viel schon aufgepackt

Und doch nichts Rechtes eingesackt.
Den Plunder laß an seinem Ort,
Nehm eines dieser Kistchen fort! 10800
Dies ist des Heers beschiedner Sold,
In seinem Bauche lauter Gold.

EILEBEUTE. Das hat ein mörderisch Gewicht!
Ich heb es nicht, ich trag es nicht.

HABEBALD. Geschwinde duck dich! Mußt dich bücken! 10805
Ich hucke dir's auf den starken Rücken.

EILEBEUTE. O weh! O weh, nun ist's vorbei!
Die Last bricht mir das Kreuz entzwei.
(Das Kistchen stürzt und springt auf.)

HABEBALD. Da liegt das rote Gold zuhauf –
Geschwinde zu und raff es auf! 10810

EILEBEUTE *(kauert nieder).*
Geschwinde nur zum Schoß hinein!
Noch immer wird's zur Gnüge sein.

HABEBALD. Und so genug! und eile doch!
(Sie steht auf.)
O weh, die Schürze hat ein Loch!
Wohin du gehst und wo du stehst, 10815
Verschwenderisch die Schätze säst.

TRABANTEN *(unsres Kaisers).*
Was schafft ihr hier am heiligen Platz?
Was kramt ihr in dem Kaiserschatz?

HABEBALD. Wir trugen unsre Glieder feil
Und holen unser Beuteteil. 10820
In Feindeszelten ist's der Brauch,
Und wir, Soldaten sind wir auch.

TRABANTEN. Das passet nicht in unsern Kreis:
Zugleich Soldat und Diebsgeschmeiß;
Und wer sich unserm Kaiser naht, 10825
Der sei ein redlicher Soldat.

HABEBALD. Die Redlichkeit, die kennt man schon,
Sie heißet: Kontribution.
Ihr alle seid auf gleichem Fuß:
Gib her! das ist der Handwerksgruß. 10830
(Zu Eilebeute.) Mach fort und schleppe, was du hast,
Hier sind wir nicht willkommner Gast. *(Ab.)*

ERSTER TRABANT. Sag, warum gabst du nicht sogleich
Dem frechen Kerl einen Backenstreich?

ZWEITER. Ich weiß nicht, mir verging die Kraft,   10835
  Sie waren so gespensterhaft.
DRITTER. Mir ward es vor den Augen schlecht,
  Da flimmert' es, ich sah nicht recht.
VIERTER. Wie ich es nicht zu sagen weiß:
  Es war den ganzen Tag so heiß,   10840
  So bänglich, so beklommen schwül,
  Der eine stand, der andre fiel,
  Man tappte hin und schlug zugleich,
  Der Gegner fiel vor jedem Streich,
  Vor Augen schwebt' es wie ein Flor,   10845
  Dann summt's und saust's und zischt' im Ohr.
  Das ging so fort, nun sind wir da
  Und wissen selbst nicht, wie's geschah.

              KAISER *mit* VIER FÜRSTEN *treten auf.*
                  Die Trabanten entfernen sich.

KAISER.
  Es sei nun, wie ihm sei! uns ist die Schlacht gewonnen,
  Des Feinds zerstreute Flucht im flachen Feld
                            zerronnen.   10850
  Hier steht der leere Thron, verräterischer Schatz,
  Von Teppichen umhüllt, verengt umher den Platz.
  Wir, ehrenvoll geschützt von eigenen Trabanten,
  Erwarten kaiserlich der Völker Abgesandten;
  Von allen Seiten her kommt frohe Botschaft an: 10855
  Beruhigt sei das Reich, uns freudig zugetan.
  Hat sich in unsern Kampf auch Gaukelei geflochten,
  Am Ende haben wir uns nur allein gefochten.
  Zufälle kommen ja dem Streitenden zugut:
  Vom Himmel fällt ein Stein, dem Feinde regnet's Blut,   10860
  Aus Felsenhöhlen tönt's von mächtigen Wunderklängen,
  Die unsre Brust erhöhn, des Feindes Brust verengen.
  Der Überwundne fiel, zu stets erneutem Spott,
  Der Sieger, wie er prangt, preist den gewognen Gott.
  Und alles stimmt mit ein, er braucht nicht zu befehlen,   10865
  Herr Gott, dich loben wir! aus Millionen Kehlen.
  Jedoch zum höchsten Preis wend ich den frommen Blick,
  Das selten sonst geschah, zur eignen Brust zurück.
  Ein junger, muntrer Fürst mag seinen Tag vergeuden,

Die Jahre lehren ihn des Augenblicks Bedeuten. 10870
Deshalb denn ungesäumt verbind ich mich sogleich
Mit euch vier Würdigen, für Haus und Hof und Reich.
(*Zum ersten.*)
Dein war, o Fürst! des Heers geordnet kluge Schichtung,
Sodann im Hauptmoment heroisch kühne Richtung;
Im Frieden wirke nun, wie es die Zeit begehrt, 10875
Erzmarschall nenn ich dich, verleihe dir das Schwert.

ERZMARSCHALL.

Dein treues Heer, bis jetzt im Inneren beschäftigt,
Wenn's an der Grenze dich und deinen Thron bekräftigt,
Dann sei es uns vergönnt, bei Festesdrang im Saal
Geräumiger Väterburg zu rüsten dir das Mahl. 10880
Blank trag ich's dir dann vor, blank halt ich dir's zur Seite,
Der höchsten Majestät zu ewigem Geleite.

DER KAISER (*zum zweiten*).

Der sich als tapfrer Mann auch zart gefällig zeigt,
Du! sei Erzkämmerer; der Auftrag ist nicht leicht.
Du bist der Oberste von allem Hausgesinde, 10885
Bei deren innerm Streit ich schlechte Diener finde;
Dein Beispiel sei fortan in Ehren aufgestellt,
Wie man dem Herrn, dem Hof und allen wohlgefällt.

ERZKÄMMERER.

Des Herren großen Sinn zu fördern, bringt zu Gnaden:
Den Besten hülfreich sein, den Schlechten selbst nicht
schaden, 10890
Dann klar sein ohne List und ruhig ohne Trug!
Wenn du mich, Herr, durchschaust, geschieht mir schon
genug.
Darf sich die Phantasie auf jenes Fest erstrecken?
Wenn du zur Tafel gehst, reich ich das goldne Becken,
Die Ringe halt ich dir, damit zur Wonnezeit 10895
Sich deine Hand erfrischt, wie mich dein Blick erfreut.

KAISER.

Zwar fühl ich mich zu ernst, auf Festlichkeit zu sinnen,
Doch sei's! Es fördert auch frohmütiges Beginnen.
(*Zum dritten.*)
Dich wähl ich zum Erztruchseß! Also sei fortan
Dir Jagd, Geflügelhof und Vorwerk untertan; 10900
Der Lieblingsspeisen Wahl laß mir zu allen Zeiten,
Wie sie der Monat bringt, und sorgsam zubereiten.

ERZTRUCHSESS.

Streng fasten sei für mich die angenehmste Pflicht,
Bis, vor dich hingestellt, dich freut ein Wohlgericht.
Der Küche Dienerschaft soll sich mit mir vereinigen,   10905
Das Ferne beizuziehn, die Jahrszeit zu beschleunigen.
Dich reizt nicht Fern und Früh, womit die Tafel prangt,
Einfach und kräftig ist's, wornach dein Sinn verlangt.

KAISER *(zum vierten)*.

Weil unausweichlich hier sich's nur von Festen handelt,
So sei mir, junger Held, zum Schenken umgewandelt.   10910
Erzschenke, sorge nun, daß unsre Kellerei
Aufs reichlichste versorgt mit gutem Weine sei.
Du selbst sei mäßig, laß nicht über Heiterkeiten
Durch der Gelegenheit Verlocken dich verleiten!

ERZSCHENK.

Mein Fürst, die Jugend selbst, wenn man ihr nur vertraut,
Steht, eh man sich's versieht, zu Männern auferbaut.   10916
Auch ich versetze mich zu jenem großen Feste;
Ein kaiserlich Büffet schmück ich aufs allerbeste
Mit Prachtgefäßen, gülden, silbern allzumal,
Doch wähl ich dir voraus den lieblichsten Pokal: 10920
Ein blank venedisch Glas, worin Behagen lauschet,
Des Weins Geschmack sich stärkt und nimmermehr
                                    berauschet.
Auf solchen Wunderschatz vertraut man oft zu sehr;
Doch deine Mäßigkeit, du Höchster, schützt noch mehr.

KAISER. Was ich euch zugedacht in dieser ernsten Stunde,   10925
Vernahmt ihr mit Vertraun aus zuverlässigem Munde.
Des Kaisers Wort ist groß und sichert jede Gift,
Doch zur Bekräftigung bedarf's der edlen Schrift,
Bedarf's der Signatur. Die förmlich zu bereiten,
Seh ich den rechten Mann zu rechter Stunde schreiten.   10930

Der ERZBISCHOF-ERZKANZLER *tritt auf.*

KAISER.

Wenn ein Gewölbe sich dem Schlußstein anvertraut,
Dann ist's mit Sicherheit für ewige Zeit erbaut.
Du siehst vier Fürsten da! Wir haben erst erörtert,
Was den Bestand zunächst von Haus und Hof befördert.
Nun aber, was das Reich in seinem Ganzen hegt,   10935

Sei, mit Gewicht und Kraft, der Fünfzahl auferlegt.
An Ländern sollen sie vor allen andern glänzen;
Deshalb erweitr ich gleich jetzt des Besitztums Grenzen
Vom Erbteil jener, die sich von uns abgewandt.
Euch Treuen sprech ich zu so manches schöne Land,　10940
Zugleich das hohe Recht, euch nach Gelegenheiten
Durch Anfall, Kauf und Tausch ins Weitre zu verbreiten;
Dann sei bestimmt, vergönnt, zu üben ungestört,
Was von Gerechtsamen euch Landesherrn gehört.
Als Richter werdet ihr die Endurteile fällen,　10945
Berufung gelte nicht von euern höchsten Stellen.
Dann Steuer, Zins und Beth', Lehn und Geleit und Zoll,
Berg-, Salz- und Münzregal euch angehören soll.
Denn meine Dankbarkeit vollgültig zu erproben,
Hab ich euch ganz zunächst der Majestät erhoben.　10950

ERZBISCHOF.
Im Namen aller sei dir tiefster Dank gebracht!
Du machst uns stark und fest und stärkest deine Macht.

KAISER. Euch fünfen will ich noch erhöhtere Würde geben.
Noch leb ich meinem Reich und habe Lust zu leben;
Doch hoher Ahnen Kette zieht bedächtigen Blick　10955
Aus rascher Strebsamkeit ins Drohende zurück.
Auch werd ich seinerzeit mich von den Teuren trennen,
Dann sei es eure Pflicht, den Folger zu ernennen.
Gekrönt erhebt ihn hoch auf heiligem Altar,
Und friedlich ende dann, was jetzt so stürmisch war.　10960

ERZKANZLER.
Mit Stolz in tiefster Brust, mit Demut an Gebärde,
Stehn Fürsten dir gebeugt, die Ersten auf der Erde.
So lang das treue Blut die vollen Adern regt,
Sind wir der Körper, den dein Wille leicht bewegt.

KAISER.
Und also sei, zum Schluß, was wir bisher betätigt,　10965
Für alle Folgezeit durch Schrift und Zug bestätigt.
Zwar habt ihr den Besitz als Herren völlig frei,
Mit dem Beding jedoch, daß er unteilbar sei.
Und wie ihr auch vermehrt, was ihr von uns empfangen,
Es soll's der älteste Sohn in gleichem Maß erlangen.　10970

ERZKANZLER.
Dem Pergament alsbald vertrau ich wohlgemut,
Zum Glück dem Reich und uns, das wichtigste Statut;

Reinschrift und Sieglung soll die Kanzelei beschäftigen,
Mit heiliger Signatur wirst du's, der Herr, bekräftigen.

KAISER.

Und so entlaß ich euch, damit den großen Tag   10975
Gesammelt jedermann sich überlegen mag.
(Die weltlichen Fürsten entfernen sich.)

DER GEISTLICHE *(bleibt und spricht pathetisch).*

Der Kanzler ging hinweg, der Bischof ist geblieben,
Vom ernsten Warnegeist zu deinem Ohr getrieben!
Sein väterliches Herz, von Sorge bangt's um dich.

KAISER.

Was hast du Bängliches zur frohen Stunde? sprich!   10980

ERZBISCHOF.

Mit welchem bittern Schmerz find ich, in dieser Stunde,
Dein hochgeheiligt Haupt mit Satanas im Bunde.
Zwar, wie es scheinen will, gesichert auf dem Thron,
Doch leider! Gott dem Herrn, dem Vater Papst zum Hohn.
Wenn dieser es erfährt, schnell wird er sträflich richten, 10985
Mit heiligem Strahl dein Reich, das sündige, zu vernichten.
Denn noch vergaß er nicht, wie du, zur höchsten Zeit,
An deinem Krönungstag den Zauberer befreit.
Von deinem Diadem, der Christenheit zum Schaden,
Traf das verfluchte Haupt der erste Strahl der Gnaden. 10990
Doch schlag an deine Brust und gib vom frevlen Glück
Ein mäßig Scherflein gleich dem Heiligtum zurück;
Den breiten Hügelraum, da, wo dein Zelt gestanden,
Wo böse Geister sich zu deinem Schutz verbanden,
Dem Lügenfürsten du ein horchsam Ohr geliehn,   10995
Den stifte, fromm belehrt, zu heiligem Bemühn;
Mit Berg und dichtem Wald, so weit sie sich erstrecken,
Mit Höhen, die sich grün zu fetter Weide decken,
Fischreichen klaren Seen, dann Bächlein ohne Zahl,
Wie sie sich, eilig schlängelnd, stürzen ab zu Tal;   11000
Das breite Tal dann selbst, mit Wiesen, Gauen, Gründen:
Die Reue spricht sich aus, und du wirst Gnade finden.

KAISER.

Durch meinen schweren Fehl bin ich so tief erschreckt;
Die Grenze sei von dir nach eignem Maß gesteckt.

ERZBISCHOF.

Erst! der entweihte Raum, wo man sich so versündigt, 11005
Sei alsobald zum Dienst des Höchsten angekündigt.

Behende steigt im Geist Gemäuer stark empor,
Der Morgensonne Blick erleuchtet schon das Chor,
Zum Kreuz erweitert sich das wachsende Gebäude,
Das Schiff erlängt, erhöht sich zu der Gläubigen
                                           Freude;   11010
Sie strömen brünstig schon durchs würdige Portal,
Der erste Glockenruf erscholl durch Berg und Tal,
Von hohen Türmen tönt's, wie sie zum Himmel streben,
Der Büßer kommt heran zu neugeschaffnem Leben.
Dem hohen Weihetag – er trete bald herein! –   11015
Wird deine Gegenwart die höchste Zierde sein.

KAISER.

Mag ein so großes Werk den frommen Sinn verkündigen,
Zu preisen Gott den Herrn, so wie mich zu entsündigen.
Genug! Ich fühle schon, wie sich mein Sinn erhöht.

ERZBISCHOF.

Als Kanzler fördr ich nun Schluß und Formalität.   11020

KAISER.

Ein förmlich Dokument, der Kirche das zu eignen,
Du legst es vor, ich will's mit Freuden unterzeichnen.

ERZBISCHOF *(hat sich beurlaubt, kehrt aber beim Ausgang um).*
Dann widmest du zugleich dem Werke, wie's entsteht,
Gesamte Landsgefälle: Zehnten, Zinsen, Beth',
Für ewig. Viel bedarf's zu würdiger Unterhaltung,   11025
Und schwere Kosten macht die sorgliche Verwaltung.
Zum schnellen Aufbau selbst auf solchem wüsten Platz
Reichst du uns einiges Gold aus deinem Beuteschatz.
Daneben braucht man auch, ich kann es nicht verschweigen,
Entferntes Holz und Kalk und Schiefer und dergleichen.
Die Fuhren tut das Volk, vom Predigtstuhl belehrt,   11031
Die Kirche segnet den, der ihr zu Diensten fährt. *(Ab.)*

KAISER.

Die Sünd ist groß und schwer, womit ich mich beladen;
Das leidige Zaubervolk bringt mich in harten Schaden.

ERZBISCHOF *(abermals zurückkehrend, mit tiefster Verbeugung).*
Verzeih, o Herr! Es ward dem sehr verrufnen Mann   11035
Des Reiches Strand verliehn; doch diesen trifft der Bann,
Verleihst du reuig nicht der hohen Kirchenstelle
Auch dort den Zehnten, Zins und Gaben und Gefälle.

KAISER *(verdrießlich).*
Das Land ist noch nicht da, im Meere liegt es breit.   11039

ERZBISCHOF.
    Wer's Recht hat und Geduld, für den kommt auch die Zeit.
    Für uns mög Euer Wort in seinen Kräften bleiben! *(Ab.)*
KAISER *(allein)*.
    So könnt ich wohl zunächst das ganze Reich verschreiben.

Fünfter Akt

Offene Gegend

WANDRER. Ja! sie sind's, die dunkeln Linden,
        Dort, in ihres Alters Kraft.
        Und ich soll sie wiederfinden,   11045
        Nach so langer Wanderschaft!
        Ist es doch die alte Stelle,
        Jene Hütte, die mich barg,
        Als die sturmerregte Welle
        Mich an jene Dünen warf!   11050
        Meine Wirte möcht ich segnen,
        Hülfsbereit, ein wackres Paar,
        Das, um heut mir zu begegnen,
        Alt schon jener Tage war.
        Ach! das waren fromme Leute!   11055
        Poch ich? ruf ich? – Seid gegrüßt!
        Wenn gastfreundlich auch noch heute
        Ihr des Wohltuns Glück genießt!
BAUCIS *(Mütterchen, sehr alt)*.
        Lieber Kömmling! Leise! Leise!
        Ruhe! laß den Gatten ruhn!   11060
        Langer Schlaf verleiht dem Greise
        Kurzen Wachens rasches Tun.
WANDRER. Sage, Mutter, bist du's eben,
        Meinen Dank noch zu empfahn,
        Was du für des Jünglings Leben   11065
        Mit dem Gatten einst getan?
        Bist du Baucis, die, geschäftig,
        Halberstorbnen Mund erquickt?

Der GATTE *tritt auf.*

Du Philemon, der so kräftig
Meinen Schatz der Flut entrückt? 11070
Eure Flammen raschen Feuers,
Eures Glöckchens Silberlaut,
Jenes grausen Abenteuers
Lösung war euch anvertraut.

Und nun laßt hervor mich treten, 11075
Schaun das grenzenlose Meer;
Laßt mich knieen, laßt mich beten,
Mich bedrängt die Brust so sehr.
(Er schreitet vorwärts auf der Düne.)

PHILEMON *(zu Baucis).*
Eile nur, den Tisch zu decken,
Wo's im Gärtchen munter blüht. 11080
Laß ihn rennen, ihn erschrecken,
Denn er glaubt nicht, was er sieht.
(Neben dem Wandrer stehend.)
Das Euch grimmig mißgehandelt,
Wog auf Woge, schäumend wild,
Seht als Garten Ihr behandelt, 11085
Seht ein paradiesisch Bild.
Älter, war ich nicht zu Handen,
Hülfreich nicht wie sonst bereit,
Und wie meine Kräfte schwanden,
War auch schon die Woge weit. 11090
Kluger Herren kühne Knechte
Gruben Gräben, dämmten ein,
Schmälerten des Meeres Rechte,
Herrn an seiner Statt zu sein.
Schaue grünend Wies an Wiese, 11095
Anger, Garten, Dorf und Wald. –
Komm nun aber und genieße,
Denn die Sonne scheidet bald. –
Dort im Fernsten ziehen Segel,
Suchen nächtlich sichern Port. 11100
Kennen doch ihr Nest die Vögel,
Denn jetzt ist der Hafen dort.
So erblickst du in der Weite
Erst des Meeres blauen Saum,

Rechts und links, in aller Breite,   11105
Dichtgedrängt bewohnten Raum.

Am Tische zu drei, im Gärtchen.

BAUCIS.   Bleibst du stumm? und keinen Bissen
            Bringst du zum verlechzten Mund?
PHILEMON.   Möcht er doch vom Wunder wissen;
            Sprichst so gerne, tu's ihm kund.   11110
BAUCIS.   Wohl! ein Wunder ist's gewesen!
            Läßt mich heut noch nicht in Ruh;
            Denn es ging das ganze Wesen
            Nicht mit rechten Dingen zu.
PHILEMON.   Kann der Kaiser sich versünd'gen,   11115
            Der das Ufer ihm verliehn?
            Tät's ein Herold nicht verkünd'gen
            Schmetternd im Vorüberziehn?
            Nicht entfernt von unsern Dünen
            Ward der erste Fuß gefaßt,   11120
            Zelte, Hütten! – Doch im Grünen
            Richtet bald sich ein Palast.
BAUCIS.   Tags umsonst die Knechte lärmten,
            Hack und Schaufel, Schlag um Schlag;
            Wo die Flämmchen nächtig schwärmten,   11125
            Stand ein Damm den andern Tag.
            Menschenopfer mußten bluten,
            Nachts erscholl des Jammers Qual;
            Meerab flossen Feuergluten,
            Morgens war es ein Kanal.   11130
            Gottlos ist er, ihn gelüstet
            Unsre Hütte, unser Hain;
            Wie er sich als Nachbar brüstet,
            Soll man untertänig sein.
PHILEMON.   Hat er uns doch angeboten   11135
            Schönes Gut im neuen Land!
BAUCIS.   Traue nicht dem Wasserboden,
            Halt auf deiner Höhe stand!
PHILEMON.   Laßt uns zur Kapelle treten,
            Letzten Sonnenblick zu schaun!   11140
            Laßt uns läuten, knien, beten,
            Und dem alten Gott vertraun!

Palast

Weiter Ziergarten, großer, gradgeführter Kanal.

FAUST *im höchsten Alter, wandelnd, nachdenkend.*

LYNCEUS DER TÜRMER *(durchs Sprachrohr).*
    Die Sonne sinkt, die letzten Schiffe,
    Sie ziehen munter hafenein.
    Ein großer Kahn ist im Begriffe,   11145
    Auf dem Kanale hier zu sein.
    Die bunten Wimpel wehen fröhlich,
    Die starren Masten stehn bereit;
    In dir preist sich der Bootsmann selig,
    Dich grüßt das Glück zur höchsten Zeit.   11150
    (Das Glöckchen läutet auf der Düne.)

FAUST *(auffahrend).*
    Verdammtes Läuten! Allzuschändlich
    Verwundet's, wie ein tückischer Schuß;
    Vor Augen ist mein Reich unendlich,
    Im Rücken neckt mich der Verdruß,
    Erinnert mich durch neidische Laute: 11155
    Mein Hochbesitz, er ist nicht rein,
    Der Lindenraum, die braune Baute,
    Das morsche Kirchlein ist nicht mein.
    Und wünscht ich, dort mich zu erholen,
    Vor fremdem Schatten schaudert mir,   11160
    Ist Dorn den Augen, Dorn den Sohlen;
    Oh! wär ich weit hinweg von hier!

TÜRMER *(wie oben).*
    Wie segelt froh der bunte Kahn
    Mit frischem Abendwind heran!
    Wie türmt sich sein behender Lauf   11165
    In Kisten, Kasten, Säcken auf!
*(Prächtiger Kahn, reich und bunt beladen mit Erzeugnissen
fremder Weltgegenden.)*

MEPHISTOPHELES. DIE DREI GEWALTIGEN GESELLEN.

CHORUS.
    Da landen wir,
    Da sind wir schon.
    Glückan dem Herren,
    Dem Patron!   11170

(Sie steigen aus, die Güter werden ans Land geschafft.)

MEPHISTOPHELES. So haben wir uns wohl erprobt,
    Vergnügt, wenn der Patron es lobt.
    Nur mit zwei Schiffen ging es fort,
    Mit zwanzig sind wir nun im Port.
    Was große Dinge wir getan,   11175
    Das sieht man unsrer Ladung an.
    Das freie Meer befreit den Geist,
    Wer weiß da, was Besinnen heißt!
    Da fördert nur ein rascher Griff,
    Man fängt den Fisch, man fängt ein Schiff, 11180
    Und ist man erst der Herr zu drei,
    Dann hakelt man das vierte bei;
    Da geht es denn dem fünften schlecht,
    Man hat Gewalt, so hat man Recht.
    Man fragt ums *Was*, und nicht ums *Wie*. 11185
    Ich müßte keine Schiffahrt kennen:
    Krieg, Handel und Piraterie,
    Dreieinig sind sie, nicht zu trennen.

DIE DREI GEWALTIGEN GESELLEN.
    Nicht Dank und Gruß!
    Nicht Gruß und Dank!   11190
    Als brächten wir
    Dem Herrn Gestank.
    Er macht ein
    Widerlich Gesicht;
    Das Königsgut   11195
    Gefällt ihm nicht.

MEPHISTOPHELES. Erwartet weiter
    Keinen Lohn!
    Nahmt ihr doch
    Euren Teil davon.   11200

DIE GESELLEN. Das ist nur für
    Die Langeweil;
    Wir alle fordern
    Gleichen Teil.

MEPHISTOPHELES. Erst ordnet oben   11205
    Saal an Saal
    Die Kostbarkeiten
    Allzumal.
    Und tritt er zu

Der reichen Schau, 11210
Berechnet er alles
Mehr genau,
Er sich gewiß
Nicht lumpen läßt
Und gibt der Flotte 11215
Fest nach Fest.
Die bunten Vögel kommen morgen,
Für die werd ich zum besten sorgen.
(Die Ladung wird weggeschafft.)

MEPHISTOPHELES *(zu Faust).*
Mit ernster Stirn, mit düstrem Blick
Vernimmst du dein erhaben Glück. 11220
Die hohe Weisheit wird gekrönt,
Das Ufer ist dem Meer versöhnt;
Vom Ufer nimmt, zu rascher Bahn,
Das Meer die Schiffe willig an;
So sprich, daß hier, hier vom Palast 11225
Dein Arm die ganze Welt umfaßt.
Von dieser Stelle ging es aus,
Hier stand das erste Bretterhaus;
Ein Gräbchen ward hinabgeritzt,
Wo jetzt das Ruder emsig spritzt. 11230
Dein hoher Sinn, der Deinen Fleiß
Erwarb des Meers, der Erde Preis.
Von hier aus –

FAUST.   Das verfluchte *Hier*!
Das eben, leidig lastet's mir.
Dir Vielgewandtem muß ich's sagen, 11235
Mir gibt's im Herzen Stich um Stich,
Mir ist's unmöglich zu ertragen!
Und wie ich's sage, schäm ich mich.
Die Alten droben sollten weichen,
Die Linden wünscht ich mir zum Sitz, 11240
Die wenig Bäume, nicht mein eigen,
Verderben mir den Weltbesitz.
Dort wollt ich, weit umher zu schauen,
Von Ast zu Ast Gerüste bauen,
Dem Blick eröffnen weite Bahn, 11245
Zu sehn, was alles ich getan,
Zu überschaun mit einem Blick

Des Menschengeistes Meisterstück,
Betätigend mit klugem Sinn
Der Völker breiten Wohngewinn.   11250

So sind am härtsten wir gequält,
Im Reichtum fühlend, was uns fehlt.
Des Glöckchens Klang, der Linden Duft
Umfängt mich wie in Kirch und Gruft.
Des allgewaltigen Willens Kür   11255
Bricht sich an diesem Sande hier.
Wie schaff ich mir es vom Gemüte!
Das Glöcklein läutet, und ich wüte.

MEPHISTOPHELES. Natürlich! daß ein Hauptverdruß
         Das Leben dir vergällen muß.   11260
Wer leugnet's! Jedem edlen Ohr
Kommt das Geklingel widrig vor.
Und das verfluchte Bim-Baum-Bimmel,
Umnebelnd heitern Abendhimmel,
Mischt sich in jegliches Begebnis,   11265
Vom ersten Bad bis zum Begräbnis,
Als wäre zwischen Bim und Baum
Das Leben ein verschollner Traum.

FAUST.   Das Widerstehn, der Eigensinn
         Verkümmern herrlichsten Gewinn,   11270
Daß man, zu tiefer, grimmiger Pein,
Ermüden muß, gerecht zu sein.

MEPHISTOPHELES.
         Was willst du dich denn hier genieren?
Mußt du nicht längst kolonisieren?

FAUST.   So geht und schafft sie mir zur Seite! –   11275
Das schöne Gütchen kennst du ja,
Das ich den Alten ausersah.

MEPHISTOPHELES.
         Man trägt sie fort und setzt sie nieder,
Eh man sich umsieht, stehn sie wieder;
Nach überstandener Gewalt   11280
Versöhnt ein schöner Aufenthalt.
(Er pfeift gellend.)

DIE DREI *treten auf.*

MEPHISTOPHELES. Kommt, wie der Herr gebieten läßt!
        Und morgen gibt's ein Flottenfest.
DIE DREI.   Der alte Herr empfing uns schlecht,
        Ein flottes Fest ist uns zu Recht. *(Ab.)*   11285
MEPHISTOPHELES *(ad Spectatores).*
        Auch hier geschieht, was längst geschah,
        Denn Naboths Weinberg war schon da.
                         (Regum I, 21.)

Tiefe Nacht

LYNCEUS DER TÜRMER *(auf der Schloßwarte, singend).*
        Zum Sehen geboren,
        Zum Schauen bestellt,
        Dem Turme geschworen,   11290
        Gefällt mir die Welt.
        Ich blick in die Ferne,
        Ich seh in der Näh
        Den Mond und die Sterne,
        Den Wald und das Reh.   11295
        So seh ich in allen
        Die ewige Zier,
        Und wie mir's gefallen,
        Gefall ich auch mir.
        Ihr glücklichen Augen,   11300
        Was je ihr gesehn,
        Es sei, wie es wolle,
        Es war doch so schön! *(Pause.)*

        Nicht allein mich zu ergetzen,
        Bin ich hier so hoch gestellt;   11305
        Welch ein greuliches Entsetzen
        Droht mir aus der finstern Welt!
        Funkenblicke seh ich sprühen
        Durch der Linden Doppelnacht;
        Immer stärker wühlt ein Glühen,   11310
        Von der Zugluft angefacht.
        Ach! die innre Hütte lodert,
        Die bemoost und feucht gestanden,

Schnelle Hülfe wird gefodert,
Keine Rettung ist vorhanden.   11315
Ach! die guten alten Leute,
Sonst so sorglich um das Feuer,
Werden sie dem Qualm zur Beute!
Welch ein schrecklich Abenteuer!
Flamme flammet, rot in Gluten   11320
Steht das schwarze Moosgestelle;
Retteten sich nur die Guten
Aus der wildentbrannten Hölle!
Züngelnd lichte Blitze steigen
Zwischen Blättern, zwischen Zweigen;   11325
Äste dürr, die flackernd brennen,
Glühen schnell und stürzen ein.
Sollt ihr Augen dies erkennen!
Muß ich so weitsichtig sein!
Das Kapellchen bricht zusammen   11330
Von der Äste Sturz und Last.
Schlängelnd sind, mit spitzen Flammen,
Schon die Gipfel angefaßt.
Bis zur Wurzel glühn die hohlen
Stämme, purpurrot im Glühn. –   11335
(Lange Pause, Gesang.)
Was sich sonst dem Blick empfohlen,
Mit Jahrhunderten ist hin.

FAUST *(auf dem Balkon, gegen die Dünen).*
Von oben welch ein singend Wimmern?
Das Wort ist hier, der Ton zu spat.
Mein Türmer jammert; mich, im Innern,   11340
Verdrießt die ungeduld'ge Tat.
Doch sei der Lindenwuchs vernichtet
Zu halbverkohlter Stämme Graun,
Ein Luginsland ist bald errichtet,
Um ins Unendliche zu schaun.   11345
Da seh ich auch die neue Wohnung,
Die jenes alte Paar umschließt,
Das, im Gefühl großmütiger Schonung,
Der späten Tage froh genießt.

MEPHISTOPHELES und DIE DREIE *(unten).*
Da kommen wir mit vollem Trab;   11350
Verzeiht! es ging nicht gütlich ab.

Wir klopften an, wir pochten an,
Und immer ward nicht aufgetan;
Wir rüttelten, wir pochten fort,
Da lag die morsche Türe dort; 11355
Wir riefen laut und drohten schwer,
Allein wir fanden kein Gehör.
Und wie's in solchem Fall geschicht,
Sie hörten nicht, sie wollten nicht;
Wir aber haben nicht gesäumt, 11360
Behende dir sie weggeräumt.
Das Paar hat sich nicht viel gequält,
Vor Schrecken fielen sie entseelt.
Ein Fremder, der sich dort versteckt
Und fechten wollte, ward gestreckt. 11365
In wilden Kampfes kurzer Zeit
Von Kohlen, rings umher gestreut,
Entflammte Stroh. Nun lodert's frei,
Als Scheiterhaufen dieser drei.

FAUST. Wart ihr für meine Worte taub! 11370
Tausch wollt ich, wollte keinen Raub.
Dem unbesonnenen wilden Streich,
Ihm fluch ich; teilt es unter euch!

CHORUS. Das alte Wort, das Wort erschallt:
Gehorche willig der Gewalt! 11375
Und bist du kühn, und hältst du Stich,
So wage Haus und Hof und – dich. *(Ab.)*

FAUST *(auf dem Balkon)*.
Die Sterne bergen Blick und Schein,
Das Feuer sinkt und lodert klein;
Ein Schauerwindchen fächelt's an, 11380
Bringt Rauch und Dunst zu mir heran.
Geboten schnell, zu schnell getan! –
Was schwebet schattenhaft heran?

Mitternacht

VIER GRAUE WEIBER *treten auf.*

ERSTE. Ich heiße der Mangel.
ZWEITE.   Ich heiße die Schuld.
DRITTE. Ich heiße die Sorge.
VIERTE.   Ich heiße die Not.   11385
ZU DREI. Die Tür ist verschlossen, wir können nicht ein;
   Drin wohnet ein Reicher, wir mögen nicht 'nein.
MANGEL. Da werd ich zum Schatten.
SCHULD.   Da werd ich zu nicht.
NOT. Man wendet von mir das verwöhnte Gesicht.
SORGE.
   Ihr Schwestern, ihr könnt nicht und dürft nicht hinein. 11390
   Die Sorge, sie schleicht sich durchs Schlüsselloch ein.
   (Sorge verschwindet.)
MANGEL. Ihr, graue Geschwister, entfernt euch von hier.
SCHULD. Ganz nah an der Seite verbind ich mich dir.
NOT. Ganz nah an der Ferse begleitet die Not.
ZU DREI. Es ziehen die Wolken, es schwinden die Sterne! 11395
   Dahinten, dahinten! von ferne, von ferne,
   Da kommt er, der Bruder, da kommt er, der – – – Tod.
                     ⌊*(Ab.)*
FAUST (*im Palast*).
   Vier sah ich kommen, drei nur gehn;
   Den Sinn der Rede konnt ich nicht verstehn.
   Es klang so nach, als hieß es – Not,   11400
   Ein düstres Reimwort folgte – Tod.
   Es tönte hohl, gespensterhaft gedämpft.
   Noch hab ich mich ins Freie nicht gekämpft.
   Könnt ich Magie von meinem Pfad entfernen,
   Die Zaubersprüche ganz und gar verlernen,   11405
   Stünd ich, Natur! vor dir ein Mann allein,
   Da wär's der Mühe wert, ein Mensch zu sein.

   Das war ich sonst, eh ich's im Düstern suchte,
   Mit Frevelwort mich und die Welt verfluchte.
   Nun ist die Luft von solchem Spuk so voll,   11410
   Daß niemand weiß, wie er ihn meiden soll.
   Wenn auch ein Tag uns klar vernünftig lacht,
   In Traumgespinst verwickelt uns die Nacht;
   Wir kehren froh von junger Flur zurück,

Ein Vogel krächzt; was krächzt er? Mißgeschick. 11415
Von Aberglauben früh und spat umgarnt:
Es eignet sich, es zeigt sich an, es warnt.
Und so verschüchtert, stehen wir allein.
Die Pforte knarrt, und niemand kommt herein.
(Erschüttert.)
Ist jemand hier?
SORGE.   Die Frage fordert Ja! 11420
FAUST. Und du, wer bist denn du?
SORGE.   Bin einmal da.
FAUST. Entferne dich!
SORGE.   Ich bin am rechten Ort.
FAUST *(erst ergrimmt, dann besänftigt, für sich).*
    Nimm dich in acht und sprich kein Zauberwort.
SORGE.   Würde mich kein Ohr vernehmen,
        Müßt es doch im Herzen dröhnen; 11425
        In verwandelter Gestalt
        Üb ich grimmige Gewalt.
        Auf den Pfaden, auf der Welle,
        Ewig ängstlicher Geselle,
        Stets gefunden, nie gesucht, 11430
        So geschmeichelt wie verflucht. –
    Hast du die Sorge nie gekannt?
FAUST. Ich bin nur durch die Welt gerannt;
    Ein jed Gelüst ergriff ich bei den Haaren,
    Was nicht genügte, ließ ich fahren, 11435
    Was mir entwischte, ließ ich ziehn.
    Ich habe nur begehrt und nur vollbracht,
    Und abermals gewünscht und so mit Macht
    Mein Leben durchgestürmt; erst groß und mächtig,
    Nun aber geht es weise, geht bedächtig. 11440
    Der Erdenkreis ist mir genug bekannt,
    Nach drüben ist die Aussicht uns verrannt;
    Tor, wer dorthin die Augen blinzelnd richtet,
    Sich über Wolken seinesgleichen dichtet!
    Er stehe fest und sehe hier sich um; 11445
    Dem Tüchtigen ist diese Welt nicht stumm.
    Was braucht er in die Ewigkeit zu schweifen!
    Was er erkennt, läßt sich ergreifen.
    Er wandle so den Erdentag entlang;
    Wenn Geister spuken, geh er seinen Gang, 11450

Im Weiterschreiten find er Qual und Glück,
Er, unbefriedigt jeden Augenblick!

SORGE.　　Wen ich einmal mir besitze,
　　　　　Dem ist alle Welt nichts nütze,
　　　　　Ewiges Düstre steigt herunter,　　　　　　　11455
　　　　　Sonne geht nicht auf noch unter,
　　　　　Bei vollkommnen äußern Sinnen
　　　　　Wohnen Finsternisse drinnen,
　　　　　Und er weiß von allen Schätzen
　　　　　Sich nicht in Besitz zu setzen.　　　　　　　11460
　　　　　Glück und Unglück wird zur Grille,
　　　　　Er verhungert in der Fülle;
　　　　　Sei es Wonne, sei es Plage,
　　　　　Schiebt er's zu dem andern Tage,
　　　　　Ist der Zukunft nur gewärtig,　　　　　　　11465
　　　　　Und so wird er niemals fertig.

FAUST. Hör auf! so kommst du mir nicht bei!
Ich mag nicht solchen Unsinn hören.
Fahr hin! die schlechte Litanei,
Sie könnte selbst den klügsten Mann betören.　　　11470

SORGE.　　Soll er gehen, soll er kommen?
　　　　　Der Entschluß ist ihm genommen;
　　　　　Auf gebahnten Weges Mitte
　　　　　Wankt er tastend halbe Schritte.
　　　　　Er verliert sich immer tiefer,　　　　　　　11475
　　　　　Siehet alle Dinge schiefer,
　　　　　Sich und andre lästig drückend,
　　　　　Atem holend und erstickend;
　　　　　Nicht erstickt und ohne Leben,
　　　　　Nicht verzweiflend, nicht ergeben.　　　　　11480
　　　　　So ein unaufhaltsam Rollen,
　　　　　Schmerzlich Lassen, widrig Sollen,
　　　　　Bald Befreien, bald Erdrücken,
　　　　　Halber Schlaf und schlecht Erquicken
　　　　　Heftet ihn an seine Stelle　　　　　　　　11485
　　　　　Und bereitet ihn zur Hölle.

FAUST. Unselige Gespenster! so behandelt ihr
Das menschliche Geschlecht zu tausend Malen;
Gleichgültige Tage selbst verwandelt ihr
In garstigen Wirrwarr netzumstrickter Qualen.　　11490
Dämonen, weiß ich, wird man schwerlich los,

Das geistig-strenge Band ist nicht zu trennen;
Doch deine Macht, o Sorge, schleichend groß,
Ich werde sie nicht anerkennen.

SORGE.   Erfahre sie, wie ich geschwind   11495
          Mich mit Verwünschung von dir wende!
          Die Menschen sind im ganzen Leben blind,
          Nun, Fauste, werde du's am Ende!
          (*Sie haucht ihn an. Ab.*)

FAUST (*erblindet*).
Die Nacht scheint tiefer tief hereinzudringen,
Allein im Innern leuchtet helles Licht;   11500
Was ich gedacht, ich eil es zu vollbringen;
Des Herren Wort, es gibt allein Gewicht.
Vom Lager auf, ihr Knechte! Mann für Mann!
Laßt glücklich schauen, was ich kühn ersann.
Ergreift das Werkzeug, Schaufel rührt und Spaten!   11505
Das Abgesteckte muß sogleich geraten.
Auf strenges Ordnen, raschen Fleiß
Erfolgt der allerschönste Preis;
Daß sich das größte Werk vollende,
Genügt *ein* Geist für tausend Hände.   11510

Großer Vorhof des Palasts

Fackeln.

MEPHISTOPHELES (*als Aufseher voran*).
          Herbei, herbei! Herein, herein!
          Ihr schlotternden Lemuren,
          Aus Bändern, Sehnen und Gebein
          Geflickte Halbnaturen!

LEMUREN (*im Chor*). Wir treten dir sogleich zur Hand,   11515
          Und, wie wir halb vernommen,
          Es gilt wohl gar ein weites Land,
          Das sollen wir bekommen.

          Gespitzte Pfähle, die sind da,
          Die Kette lang zum Messen;   11520
          Warum an uns der Ruf geschah,
          Das haben wir vergessen.

MEPHISTOPHELES. Hier gilt kein künstlerisch Bemühn;
  Verfahret nur nach eignen Maßen!
  Der Längste lege längelang sich hin,   11525
  Ihr andern lüftet rings umher den Rasen;
  Wie man's für unsre Väter tat,
  Vertieft ein längliches Quadrat!
  Aus dem Palast ins enge Haus,
  So dumm läuft es am Ende doch hinaus.   11530

LEMUREN *(mit neckischen Gebärden grabend)*.
              Wie jung ich war und lebt und liebt,
              Mich deucht, das war wohl süße;
              Wo's fröhlich klang und lustig ging,
              Da rührten sich meine Füße.

              Nun hat das tückische Alter mich   11535
              Mit seiner Krücke getroffen;
              Ich stolpert über Grabes Tür,
              Warum stand sie just offen!

FAUST *(aus dem Palaste tretend, tastet an den Türpfosten)*.
  Wie das Geklirr der Spaten mich ergetzt!
  Es ist die Menge, die mir frönet,   11540
  Die Erde mit sich selbst versöhnet,
  Den Wellen ihre Grenze setzt,
  Das Meer mit strengem Band umzieht.
MEPHISTOPHELES *(beiseite)*.
  Du bist doch nur für uns bemüht
  Mit deinen Dämmen, deinen Buhnen;   11545
  Denn du bereitest schon Neptunen,
  Dem Wasserteufel, großen Schmaus.
  In jeder Art seid ihr verloren; –
  Die Elemente sind mit uns verschworen,
  Und auf Vernichtung läuft's hinaus.   11550
FAUST. Aufseher!
MEPHISTOPHELES. Hier!
FAUST.   Wie es auch möglich sei,
  Arbeiter schaffe Meng auf Menge,
  Ermuntere durch Genuß und Strenge,
  Bezahle, locke, presse bei!
  Mit jedem Tage will ich Nachricht haben,   11555
  Wie sich verlängt der unternommene Graben.

MEPHISTOPHELES *(halblaut).*
  Man spricht, wie man mir Nachricht gab,
  Von keinem Graben, doch vom Grab.
FAUST. Ein Sumpf zieht am Gebirge hin,
  Verpestet alles schon Errungene;   11560
  Den faulen Pfuhl auch abzuziehn,
  Das Letzte wär das Höchsterrungene.
  Eröffn ich Räume vielen Millionen,
  Nicht sicher zwar, doch tätig-frei zu wohnen.
  Grün das Gefilde, fruchtbar; Mensch und Herde   11565
  Sogleich behaglich auf der neusten Erde,
  Gleich angesiedelt an des Hügels Kraft,
  Den aufgewälzt kühn-emsige Völkerschaft.
  Im Innern hier ein paradiesisch Land,
  Da rase draußen Flut bis auf zum Rand,   11570
  Und wie sie nascht, gewaltsam einzuschießen,
  Gemeindrang eilt, die Lücke zu verschließen.
  Ja! diesem Sinne bin ich ganz ergeben,
  Das ist der Weisheit letzter Schluß:
  Nur der verdient sich Freiheit wie das Leben,   11575
  Der täglich sie erobern muß.
  Und so verbringt, umrungen von Gefahr,
  Hier Kindheit, Mann und Greis sein tüchtig Jahr.
  Solch ein Gewimmel möcht ich sehn,
  Auf freiem Grund mit freiem Volke stehn.   11580
  Zum Augenblicke dürft ich sagen:
  Verweile doch, du bist so schön!
  Es kann die Spur von meinen Erdetagen
  Nicht in Äonen untergehn. –
  Im Vorgefühl von solchem hohen Glück   11585
  Genieß ich jetzt den höchsten Augenblick.
  (Faust sinkt zurück, die Lemuren fassen ihn auf und legen
  ihn auf den Boden.)
MEPHISTOPHELES.
  Ihn sättigt keine Lust, ihm gnügt kein Glück,
  So buhlt er fort nach wechselnden Gestalten;
  Den letzten, schlechten, leeren Augenblick,
  Der Arme wünscht ihn festzuhalten.   11590
  Der mir so kräftig widerstand,
  Die Zeit wird Herr, der Greis hier liegt im Sand.
  Die Uhr steht still –

CHOR.   Steht still! Sie schweigt wie Mitternacht.
     Der Zeiger fällt.
MEPHISTOPHELES. Er fällt, es ist vollbracht.
CHOR. Es ist vorbei.
MEPHISTOPHELES.   Vorbei! ein dummes Wort.   11595
     Warum vorbei?
     Vorbei und reines Nicht, vollkommnes Einerlei!
     Was soll uns denn das ew'ge Schaffen!
     Geschaffenes zu nichts hinwegzuraffen!
     »Da ist's vorbei!« Was ist daran zu lesen?   11600
     Es ist so gut, als wär es nicht gewesen,
     Und treibt sich doch im Kreis, als wenn es wäre.
     Ich liebte mir dafür das Ewig-Leere.

Grablegung

LEMUR *(Solo)*. Wer hat das Haus so schlecht gebaut,
            Mit Schaufeln und mit Spaten?   11605
LEMUREN *(Chor)*. Dir, dumpfer Gast im hänfnen Gewand,
            Ist's viel zu gut geraten.
LEMUR *(Solo)*. Wer hat den Saal so schlecht versorgt?
            Wo blieben Tisch und Stühle?
LEMUREN *(Chor)*. Es war auf kurze Zeit geborgt;   11610
            Der Gläubiger sind so viele.
MEPHISTOPHELES.
     Der Körper liegt, und will der Geist entfliehn,
     Ich zeig ihm rasch den blutgeschriebnen Titel; –
     Doch leider hat man jetzt so viele Mittel,
     Dem Teufel Seelen zu entziehn.   11615
     Auf altem Wege stößt man an,
     Auf neuem sind wir nicht empfohlen;
     Sonst hätt ich es allein getan,
     Jetzt muß ich Helfershelfer holen.

     Uns geht's in allen Dingen schlecht!   11620
     Herkömmliche Gewohnheit, altes Recht,
     Man kann auf gar nichts mehr vertrauen.
     Sonst mit dem letzten Atem fuhr sie aus,
     Ich paßt ihr auf und, wie die schnellste Maus,
     Schnapps! hielt ich sie in fest verschloßnen Klauen.   11625

Nun zaudert sie und will den düstern Ort,
Des schlechten Leichnams ekles Haus nicht lassen;
Die Elemente, die sich hassen,
Die treiben sie am Ende schmählich fort.
Und wenn ich Tag' und Stunden mich zerplage,   11630
Wann? wie? und *wo?* das ist die leidige Frage;
Der alte Tod verlor die rasche Kraft,
Das *Ob?* sogar ist lange zweifelhaft;
Oft sah ich lüstern auf die starren Glieder –
Es war nur Schein, das rührte, das regte sich wieder.   11635
(Phantastisch-flügelmännische Beschwörungsgebärden.)
Nur frisch heran! verdoppelt euren Schritt,
Ihr Herrn vom graden, Herrn vom krummen Horne,
Von altem Teufelsschrot und -korne,
Bringt ihr zugleich den Höllenrachen mit.
Zwar hat die Hölle Rachen viele! viele!   11640
Nach Standsgebühr und Würden schlingt sie ein;
Doch wird man auch bei diesem letzten Spiele
Ins künftige nicht so bedenklich sein.
(Der greuliche Höllenrachen tut sich links auf.)
Eckzähne klaffen; dem Gewölb des Schlundes
Entquillt der Feuerstrom in Wut,   11645
Und in dem Siedequalm des Hintergrundes
Seh ich die Flammenstadt in ewiger Glut.
Die rote Brandung schlägt hervor bis an die Zähne,
Verdammte, Rettung hoffend, schwimmen an;
Doch kolossal zerknirscht sie die Hyäne,   11650
Und sie erneuen ängstlich heiße Bahn.
In Winkeln bleibt noch vieles zu entdecken,
So viel Erschrecklichstes im engsten Raum!
Ihr tut sehr wohl, die Sünder zu erschrecken;
Sie halten's doch für Lug und Trug und Traum.   11655
(Zu den Dickteufeln vom kurzen, graden Horne.)
Nun, wanstige Schuften mit den Feuerbacken!
Ihr glüht so recht vom Höllenschwefel feist;
Klotzartige, kurze, nie bewegte Nacken!
Hier unten lauert, ob's wie Phosphor gleißt:
Das ist das Seelchen, Psyche mit den Flügeln,   11660
Die rupft ihr aus, so ist's ein garstiger Wurm;
Mit meinem Stempel will ich sie besiegeln,
Dann fort mit ihr im Feuerwirbelsturm!

Paßt auf die niedern Regionen,
Ihr Schläuche, das ist eure Pflicht;   11665
Ob's ihr beliebte, da zu wohnen,
So akkurat weiß man das nicht.
Im Nabel ist sie gern zu Haus –
Nehmt es in acht, sie wischt euch dort heraus.
(Zu den Dürrteufeln vom langen, krummen Horne.)
Ihr Firlefanze, flügelmännische Riesen,   11670
Greift in die Luft, versucht euch ohne Rast!
Die Arme strack, die Klauen scharf gewiesen,
Daß ihr die flatternde, die flüchtige faßt.
Es ist ihr sicher schlecht im alten Haus,
Und das Genie, es will gleich obenaus.   11675

GLORIE *von oben rechts.*

HIMMLISCHE HEERSCHAR.
Folget, Gesandte,
Himmelsverwandte,
Gemächlichen Flugs:
Sündern vergeben,
Staub zu beleben;   11680
Allen Naturen
Freundliche Spuren
Wirket im Schweben
Des weilenden Zugs!

MEPHISTOPHELES.
Mißtöne hör ich, garstiges Geklimper,   11685
Von oben kommt's mit unwillkommnem Tag;
Es ist das bübisch-mädchenhafte Gestümper,
Wie frömmelnder Geschmack sich's lieben mag.
Ihr wißt, wie wir in tiefverruchten Stunden
Vernichtung sannen menschlichem Geschlecht;   11690
Das Schändlichste, was wir erfunden,
Ist ihrer Andacht eben recht.

Sie kommen gleisnerisch, die Laffen!
So haben sie uns manchen weggeschnappt,
Bekriegen uns mit unsern eignen Waffen;   11695
Es sind auch Teufel, doch verkappt.
Hier zu verlieren, wär euch ew'ge Schande;
Ans Grab heran und haltet fest am Rande!

CHOR DER ENGEL *(Rosen streuend).*

> Rosen, ihr blendenden,
> Balsam versendenden! 11700
> Flatternde, schwebende,
> Heimlich belebende,
> Zweiglein beflügelte,
> Knospen entsiegelte,
> Eilet zu blühn. 11705
>
> Frühling entsprieße,
> Purpur und Grün;
> Tragt Paradiese
> Dem Ruhenden hin.

MEPHISTOPHELES *(zu den Satanen).*

> Was duckt und zuckt ihr? ist das Höllenbrauch? 11710
> So haltet stand und laßt sie streuen.
> An seinen Platz ein jeder Gauch!
> Sie denken wohl, mit solchen Blümeleien
> Die heißen Teufel einzuschneien;
> Das schmilzt und schrumpft vor eurem Hauch. 11715
> Nun pustet, Püstriche! – Genug, genug!
> Vor eurem Broden bleicht der ganze Flug. –
> Nicht so gewaltsam! schließet Maul und Nasen!
> Fürwahr, ihr habt zu stark geblasen.
> Daß ihr doch nie die rechten Maße kennt! 11720
> Das schrumpft nicht nur, es bräunt sich, dorrt, es brennt!
> Schon schwebt's heran mit giftig klaren Flammen;
> Stemmt euch dagegen, drängt euch fest zusammen! –
> Die Kraft erlischt! dahin ist aller Mut!
> Die Teufel wittern fremde Schmeichelglut. 11725

ENGEL *(Chor).* Blüten, die seligen,
> Flammen, die fröhlichen,
> Liebe verbreiten sie,
> Wonne bereiten sie,
> Herz wie es mag. 11730
> Worte, die wahren,
> Äther im Klaren,
> Ewigen Scharen
> Überall Tag.

MEPHISTOPHELES.

O Fluch! o Schande solchen Tröpfen!   11735
Satane stehen auf den Köpfen,
Die Plumpen schlagen Rad auf Rad
Und stürzen ärschlings in die Hölle.
Gesegn euch das verdiente heiße Bad!
Ich aber bleib auf meiner Stelle. –   11740
(Sich mit den schwebenden Rosen herumschlagend.)
Irrlichter, fort! Du! leuchte noch so stark,
Du bleibst, gehascht, ein ekler Gallert-Quark.
Was flatterst du? Willst du dich packen! –
Es klemmt wie Pech und Schwefel mir im Nacken.

ENGEL *(Chor).* Was euch nicht angehört,   11745
Müsset ihr meiden,
Was euch das Innre stört,
Dürft ihr nicht leiden.
Dringt es gewaltig ein,
Müssen wir tüchtig sein.   11750
Liebe nur Liebende
Führet herein.

MEPHISTOPHELES.

Mir brennt der Kopf, das Herz, die Leber brennt,
Ein überteuflisch Element!
Weit spitziger als Höllenfeuer. –   11755
Drum jammert ihr so ungeheuer,
Unglückliche Verliebte! die, verschmäht,
Verdrehten Halses nach der Liebsten späht.

Auch mir! Was zieht den Kopf auf jene Seite?
Bin ich mit ihr doch in geschwornem Streite!   11760
Der Anblick war mir sonst so feindlich scharf.
Hat mich ein Fremdes durch und durch gedrungen?
Ich mag sie gerne sehn, die allerliebsten Jungen;
Was hält mich ab, daß ich nicht fluchen darf? –
Und wenn ich mich betören lasse,   11765
Wer heißt denn künftighin der Tor?
Die Wetterbuben, die ich hasse,
Sie kommen mir doch gar zu lieblich vor! –

Ihr schönen Kinder, laßt mich wissen:
Seid ihr nicht auch von Luzifers Geschlecht?   11770

Ihr seid so hübsch, fürwahr, ich möcht euch küssen,
Mir ist's, als kämt ihr eben recht.
Es ist mir so behaglich, so natürlich,
Als hätt ich euch schon tausendmal gesehn,
So heimlich-kätzchenhaft begierlich;   11775
Mit jedem Blick aufs neue schöner schön.
O nähert euch, o gönnt mir *einen* Blick!

ENGEL. Wir kommen schon, warum weichst du zurück?
Wir nähern uns, und wenn du kannst, so bleib!
(Die Engel nehmen, umherziehend, den ganzen Raum ein.)

MEPHISTOPHELES *(der ins Proszenium gedrängt wird).*
Ihr scheltet uns verdammte Geister   11780
Und seid die wahren Hexenmeister;
Denn ihr verführet Mann und Weib. –
Welch ein verfluchtes Abenteuer!
Ist dies das Liebeselement?
Der ganze Körper steht in Feuer,   11785
Ich fühle kaum, daß es im Nacken brennt. –
Ihr schwanket hin und her, so senkt euch nieder,
Ein bißchen weltlicher bewegt die holden Glieder;
Fürwahr, der Ernst steht euch recht schön!
Doch möcht ich euch nur einmal lächeln sehn;   11790
Das wäre mir ein ewiges Entzücken.
Ich meine so, wie wenn Verliebte blicken,
Ein kleiner Zug am Mund, so ist's getan.
Dich, langer Bursche, dich mag ich am liebsten leiden,
Die Pfaffenmiene will dich gar nicht kleiden,   11795
So sieh mich doch ein wenig lüstern an!
Auch könntet ihr anständig-nackter gehen,
Das lange Faltenhemd ist übersittlich –
Sie wenden sich – von hinten anzusehen! –
Die Racker sind doch gar zu appetitlich!   11800

CHOR DER ENGEL. Wendet zur Klarheit
          Euch, liebende Flammen!
          Die sich verdammen,
          Heile die Wahrheit;
          Daß sie vom Bösen   11805
          Froh sich erlösen,
          Um in dem Allverein
          Selig zu sein.

MEPHISTOPHELES *(sich fassend).*
  Wie wird mir! – Hiobsartig, Beul an Beule
  Der ganze Kerl, dem's vor sich selber graut,   11810
  Und triumphiert zugleich, wenn er sich ganz durchschaut,
  Wenn er auf sich und seinen Stamm vertraut;
  Gerettet sind die edlen Teufelsteile,
  Der Liebespuk, er wirft sich auf die Haut;
  Schon ausgebrannt sind die verruchten Flammen,   11815
  Und wie es sich gehört, fluch ich euch allzusammen!

CHOR DER ENGEL. Heilige Gluten!
            Wen sie umschweben,
            Fühlt sich im Leben
            Selig mit Guten.   11820
            Alle vereinigt
            Hebt euch und preist!
            Luft ist gereinigt,
            Atme der Geist!

(Sie erheben sich, Faustens Unsterbliches entführend.)

MEPHISTOPHELES *(sich umsehend).*
  Doch wie? – wo sind sie hingezogen?   11825
  Unmündiges Volk, du hast mich überrascht,
  Sind mit der Beute himmelwärts entflogen;
  Drum haben sie an dieser Gruft genascht!
  Mir ist ein großer, einziger Schatz entwendet:
  Die hohe Seele, die sich mir verpfändet,   11830
  Die haben sie mir pfiffig weggepascht.

  Bei wem soll ich mich nun beklagen?
  Wer schafft mir mein erworbenes Recht?
  Du bist getäuscht in deinen alten Tagen,
  Du hast's verdient, es geht dir grimmig schlecht.   11835
  Ich habe schimpflich mißgehandelt,
  Ein großer Aufwand, schmählich! ist vertan;
  Gemein Gelüst, absurde Liebschaft wandelt
  Den ausgepichten Teufel an.
  Und hat mit diesem kindisch-tollen Ding   11840
  Der Klugerfahrne sich beschäftigt,
  So ist fürwahr die Torheit nicht gering,
  Die seiner sich am Schluß bemächtigt.

Bergschluchten

Wald, Fels, Einöde.

HEILIGE ANACHORETEN *gebirgauf verteilt,*
gelagert zwischen Klüften.

CHOR und ECHO. Waldung, sie schwankt heran,
      Felsen, sie lasten dran,   11845
      Wurzeln, sie klammern an,
      Stamm dicht an Stamm hinan.
      Woge nach Woge spritzt,
      Höhle, die tiefste, schützt.
      Löwen, sie schleichen stumm-   11850
      freundlich um uns herum,
      Ehren geweihten Ort,
      Heiligen Liebeshort.

PATER ECSTATICUS *(auf und ab schwebend).*
      Ewiger Wonnebrand,
      Glühendes Liebeband,   11855
      Siedender Schmerz der Brust,
      Schäumende Gotteslust.
      Pfeile, durchdringet mich,
      Lanzen, bezwinget mich,
      Keulen, zerschmettert mich,   11860
      Blitze, durchwettert mich!
      Daß ja das Nichtige
      Alles verflüchtige,
      Glänze der Dauerstern,
      Ewiger Liebe Kern.   11865

PATER PROFUNDUS *(tiefe Region).*
      Wie Felsenabgrund mir zu Füßen
      Auf tiefem Abgrund lastend ruht,
      Wie tausend Bäche strahlend fließen
      Zum grausen Sturz des Schaums der Flut,
      Wie strack, mit eignem kräftigen Triebe,   11870
      Der Stamm sich in die Lüfte trägt,
      So ist es die allmächtige Liebe,
      Die alles bildet, alles hegt.

      Ist um mich her ein wildes Brausen,
      Als wogte Wald und Felsengrund,   11875

Und doch stürzt, liebevoll im Sausen,
Die Wasserfülle sich zum Schlund,
Berufen, gleich das Tal zu wässern;
Der Blitz, der flammend niederschlug,
Die Atmosphäre zu verbessern, 11880
Die Gift und Dunst im Busen trug;

Sind Liebesboten, sie verkünden,
Was ewig schaffend uns umwallt.
Mein Innres mög es auch entzünden,
Wo sich der Geist, verworren, kalt, 11885
Verquält in stumpfer Sinne Schranken,
Scharfangeschloßnem Kettenschmerz.
O Gott! beschwichtige die Gedanken,
Erleuchte mein bedürftig Herz!

PATER SERAPHICUS *(mittlere Region)*.
Welch ein Morgenwölkchen schwebet 11890
Durch der Tannen schwankend Haar!
Ahn ich, was im Innern lebet?
Es ist junge Geisterschar.

CHOR SELIGER KNABEN.
Sag uns, Vater, wo wir wallen,
Sag uns, Guter, wer wir sind? 11895
Glücklich sind wir, allen, allen
Ist das Dasein so gelind.

PATER SERAPHICUS. Knaben! Mitternachts Geborne,
Halb erschlossen Geist und Sinn,
Für die Eltern gleich Verlorne, 11900
Für die Engel zum Gewinn.
Daß ein Liebender zugegen,
Fühlt ihr wohl, so naht euch nur;
Doch von schroffen Erdewegen,
Glückliche! habt ihr keine Spur. 11905
Steigt herab in meiner Augen
Welt- und erdgemäß Organ,
Könnt sie als die euern brauchen,
Schaut euch diese Gegend an!
(Er nimmt sie in sich.)
Das sind Bäume, das sind Felsen, 11910
Wasserstrom, der abestürzt

Und mit ungeheurem Wälzen
Sich den steilen Weg verkürzt.

SELIGE KNABEN *(von innen)*.
Das ist mächtig anzuschauen,
Doch zu düster ist der Ort, 11915
Schüttelt uns mit Schreck und Grauen.
Edler, Guter, laß uns fort!

PATER SERAPHICUS. Steigt hinan zu höherm Kreise,
Wachset immer unvermerkt,
Wie, nach ewig reiner Weise, 11920
Gottes Gegenwart verstärkt.
Denn das ist der Geister Nahrung,
Die im freisten Äther waltet:
Ewigen Liebens Offenbarung,
Die zur Seligkeit entfaltet. 11925

CHOR SELIGER KNABEN *(um die höchsten Gipfel kreisend)*.
Hände verschlinget
Freudig zum Ringverein,
Regt euch und singet
Heil'ge Gefühle drein!
Göttlich belehret, 11930
Dürft ihr vertrauen;
Den ihr verehret,
Werdet ihr schauen.

ENGEL *(schwebend in der höheren Atmosphäre, Faustens Unsterb-
liches tragend)*. Gerettet ist das edle Glied
Der Geisterwelt vom Bösen: 11935
»Wer immer strebend sich bemüht,
Den können wir erlösen.«
Und hat an ihm die Liebe gar
Von oben teilgenommen,
Begegnet ihm die selige Schar 11940
Mit herzlichem Willkommen.

DIE JÜNGEREN ENGEL. Jene Rosen aus den Händen
Liebend-heiliger Büßerinnen
Halfen uns den Sieg gewinnen,
Uns das hohe Werk vollenden, 11945
Diesen Seelenschatz erbeuten.
Böse wichen, als wir streuten,

Teufel flohen, als wir trafen.
Statt gewohnter Höllenstrafen
Fühlten Liebesqual die Geister;   11950
Selbst der alte Satansmeister
War von spitzer Pein durchdrungen.
Jauchzet auf! es ist gelungen.

DIE VOLLENDETEREN ENGEL. Uns bleibt ein Erdenrest
          Zu tragen peinlich,   11955
          Und wär er von Asbest,
          Er ist nicht reinlich.
          Wenn starke Geisteskraft
          Die Elemente
          An sich herangerafft,   11960
          Kein Engel trennte
          Geeinte Zwienatur
          Der innigen beiden,
          Die ewige Liebe nur
          Vermag's zu scheiden.   11965

DIE JÜNGEREN ENGEL. Nebelnd um Felsenhöh
          Spür ich soeben,
          Regend sich in der Näh,
          Ein Geisterleben.
          Die Wölkchen werden klar,   11970
          Ich seh bewegte Schar
          Seliger Knaben,
          Los von der Erde Druck,
          Im Kreis gesellt,
          Die sich erlaben   11975
          Am neuen Lenz und Schmuck
          Der obern Welt.
          Sei er zum Anbeginn,
          Steigendem Vollgewinn
          Diesen gesellt!   11980

DIE SELIGEN KNABEN. Freudig empfangen wir
          Diesen im Puppenstand;
          Also erlangen wir
          Englisches Unterpfand.
          Löset die Flocken los,   11985
          Die ihn umgeben!

Schon ist er schön und groß
Von heiligem Leben.

DOCTOR MARIANUS *(in der höchsten, reinlichsten Zelle).*

Hier ist die Aussicht frei,
Der Geist erhoben.   11990
Dort ziehen Fraun vorbei,
Schwebend nach oben.
Die Herrliche mitteninn
Im Sternenkranze,
Die Himmelskönigin,   11995
Ich seh's am Glanze.

(Entzückt.)
Höchste Herrscherin der Welt!
Lasse mich im blauen,
Ausgespannten Himmelszelt
Dein Geheimnis schauen.   12000
Billige, was des Mannes Brust
Ernst und zart beweget
Und mit heiliger Liebeslust
Dir entgegen träget.

Unbezwinglich unser Mut,   12005
Wenn du hehr gebietest;
Plötzlich mildert sich die Glut,
Wie du uns befriedest.
Jungfrau, rein im schönsten Sinn,
Mutter, Ehren würdig,   12010
Uns erwählte Königin,
Göttern ebenbürtig.

Um sie verschlingen
Sich leichte Wölkchen,
Sind Büßerinnen,   12015
Ein zartes Völkchen,
Um ihre Kniee
Den Äther schlürfend,
Gnade bedürfend.

Dir, der Unberührbaren,   12020
Ist es nicht benommen,
Daß die leicht Verführbaren
Traulich zu dir kommen.

In die Schwachheit hingerafft,
Sind sie schwer zu retten; 12025
Wer zerreißt aus eigner Kraft
Der Gelüste Ketten?
Wie entgleitet schnell der Fuß
Schiefem, glattem Boden?
Wen betört nicht Blick und Gruß, 12030
Schmeichelhafter Odem?

MATER GLORIOSA *schwebt einher.*

CHOR DER BÜSSERINNEN. Du schwebst zu Höhen
Der ewigen Reiche,
Vernimm das Flehen,
Du Ohnegleiche, 12035
Du Gnadenreiche!

MAGNA PECCATRIX *(St. Lucae VII, 36).*
Bei der Liebe, die den Füßen
Deines gottverklärten Sohnes
Tränen ließ zum Balsam fließen,
Trotz des Pharisäerhohnes; 12040
Beim Gefäße, das so reichlich
Tropfte Wohlgeruch hernieder,
Bei den Locken, die so weichlich
Trockneten die heil'gen Glieder –

MULIER SAMARITANA *(St. Joh. IV).*
Bei dem Bronn, zu dem schon weiland 12045
Abram ließ die Herde führen,
Bei dem Eimer, der dem Heiland
Kühl die Lippe durft berühren;
Bei der reinen, reichen Quelle,
Die nun dorther sich ergießet, 12050
Überflüssig, ewig helle
Rings durch alle Welten fließet –

MARIA AEGYPTIACA *(Acta Sanctorum).*
Bei dem hochgeweihten Orte,
Wo den Herrn man niederließ,
Bei dem Arm, der von der Pforte 12055
Warnend mich zurücke stieß;
Bei der vierzigjährigen Buße,

Der ich treu in Wüsten blieb,
Bei dem seligen Scheidegruße,
Den im Sand ich niederschrieb –   12060

ZU DREI. Die du großen Sünderinnen
Deine Nähe nicht verweigerst
Und ein büßendes Gewinnen
In die Ewigkeiten steigerst,
Gönn auch dieser guten Seele,   12065
Die sich einmal nur vergessen,
Die nicht ahnte, daß sie fehle,
Dein Verzeihen angemessen!

UNA POENITENTIUM, sonst GRETCHEN genannt *(sich anschmiegend)*.

Neige, Neige,
Du Ohnegleiche,   12070
Du Strahlenreiche,
Dein Antlitz gnädig meinem Glück!
Der früh Geliebte,
Nicht mehr Getrübte,
Er kommt zurück.   12075

SELIGE KNABEN *(in Kreisbewegung sich nähernd)*.

Er überwächst uns schon
An mächtigen Gliedern,
Wird treuer Pflege Lohn
Reichlich erwidern.
Wir wurden früh entfernt   12080
Von Lebechören;
Doch dieser hat gelernt,
Er wird uns lehren.

DIE EINE BÜSSERIN, sonst GRETCHEN genannt.

Vom edlen Geisterchor umgeben,
Wird sich der Neue kaum gewahr,   12085
Er ahnet kaum das frische Leben,
So gleicht er schon der heiligen Schar.
Sieh! wie er jedem Erdenbande
Der alten Hülle sich entrafft,
Und aus ätherischem Gewande   12090
Hervortritt erste Jugendkraft.
Vergönne mir, ihn zu belehren,
Noch blendet ihn der neue Tag.

MATER GLORIOSA.
>Komm! hebe dich zu höhern Sphären!
>Wenn er dich ahnet, folgt er nach. 12095

DOCTOR MARIANUS *(auf dem Angesicht anbetend).*
>Blicket auf zum Retterblick,
>Alle reuig Zarten,
>Euch zu seligem Geschick
>Dankend umzuarten.
>Werde jeder beßre Sinn 12100
>Dir zum Dienst erbötig;
>Jungfrau, Mutter, Königin,
>Göttin, bleibe gnädig!

CHORUS MYSTICUS. Alles Vergängliche
>Ist nur ein Gleichnis; 12105
>Das Unzulängliche,
>Hier wird's Ereignis;
>Das Unbeschreibliche,
>Hier ist's getan;
>Das Ewig-Weibliche 12110
>Zieht uns hinan.

FINIS.

Zu dieser Ausgabe

Der Text der vorliegenden Ausgabe folgt der historisch-kritischen Edition, der sogenannten Weimarer Ausgabe:

> Goethes Werke. Hrsg. im Auftrage der Großherzogin Sophie von Sachsen. Abt. 1. Bd. 15,1. Bearb. von Erich Schmidt. Weimar: Hermann Böhlau, 1888.

In Vers 5117 wurde »findet« nach Goethes Handschrift (vgl. das Lesarten-Verzeichnis der Weimarer Ausgabe, Bd. 15,2, 1888, S. 15) in »finde« geändert, in Vers 8542 »mustre« nach einer handschriftlichen Korrektur Goethes (vgl. ebd., S. 83) zu »mustere« verbessert. In Vers 10595 wurde »unsrer« nach dem sonst maskulinen Gebrauch von »Phalanx« (vgl. V. 10360, 10519, 10530, 10646) zu »unsres« korrigiert. Das schließende Anführungszeichen nach »Kaiser« in Vers 5951 der Weimarer Ausgabe ist wohl ein Druckversehen und wurde am Versende gesetzt.

Orthographie und Interpunktion wurden bei Wahrung des Lautstandes behutsam dem heutigen Gebrauch angeglichen, wobei zum Vergleich vor allem der ebenfalls von Erich Schmidt bearbeitete Band der »Jubiläums-Ausgabe« (*Goethes Sämtliche Werke*, Jubiläums-Ausg., hrsg. von Eduard von der Hellen, Bd. 14, Stuttgart/Berlin: J. G. Cotta, [1906]) sowie der von Robert Petsch besorgte Band der »Festausgabe« (*Goethes Werke*, Festausg., hrsg. von Robert Petsch, Bd. 5, Leipzig: Bibliographisches Institut, 1926) herangezogen wurden. Apostrophe wurden nur gesetzt, wo sie für das Textverständnis hilfreich erschienen. Sperrungen in der Druckvorlage wurden kursiv wiedergegeben.   *br*

Johann Wolfgang Goethe

IN RECLAMS UNIVERSAL-BIBLIOTHEK

Philipp Reclam jun. Stuttgart